30 x 45 MINUTEN

Marion Schadek-Bätz

Englisch

Fertige Stundenbilder für Highlights zwischendurch

Klasse 5–7

Verlag an der Ruhr

Impressum

Titel
30x45 Minuten Englisch
Fertige Stundenbilder für Highlights zwischendurch. Klasse 5–7

Autorin
Marion Schadek-Bätz

Umschlagmotiv und Kapiteldeckblätter
© Kudryashka– stock.adobe.com

Druck
AZ Druck und Datentechnik GmbH, Kempten, DE

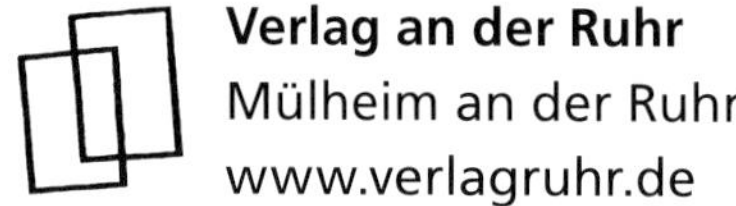
Verlag an der Ruhr
Mülheim an der Ruhr
www.verlagruhr.de

Geeignet für die Klassen 5–7

ISBN 978-3-8346-4219-6

Inhalt

Vorwort 5
Feedback-Bogen 6

Animals (Klasse 5)

01 | At the penguins' kindergarten – Friends and family 10
02 | Working dogs – Writing a dialogue with a partner 13
03 | A poetry slam at the zoo – Rhymes 15

Art, culture and tradition (Klassen 5 und 6)

04 | The magic runway – Clothes and fashion 18
05 | My dream room – Colours and shapes 22
06 | Cheat sheets – Introduction of the working method 25
07 | Soap opera – Acting out a discussion 28
08 | Chess – Using the imperative form 30
09 | New Year around the world – Time zones and traditions 35
10 | Halloween – Planning a party 38
11 | Christmas around the world – What does Christmas mean to you? 41

Adventure, travel and challenges (Klasse 6)

12 | Sligo – Talking about an Irish city 44
13 | A night at the department store – How to make a crib sheet 47
14 | Save the rainforest – Online research 48
15 | My dream job – Skills, talents and possibilities 52
16 | Secret agents, spies, private investigators – Soft skills 55
17 | Beware of pickpockets – Giving advice 60

Personality (Klassen 6 und 7)

18 | Emergencies – What to do in case of an emergency 64
19 | Are you a good friend? – Discussing the meaning of friendship 67
20 | Can you keep a secret? – Pros and cons of confidentiality 69
21 | Personality pie – Positive character traits 72
22 | Top talent – Self-perception and perception of others 75
23 | Comfort zone – Discussing pros and cons of challenge 77
24 | I'm not prejudiced, but ... – Deceiving first impressions 80
25 | White lies – Politeness versus honesty in other cultures 83
26 | What's the joke? – Exploring the typical American knock-knock joke 86
27 | Ruler for a day – The passive voice 88
28 | Moral responsibility – Analysing a text 90
29 | Your carbon footprint – Guidelines to save the planet 93
30 | Constructive criticism – Giving feedback 95

Anhang

Medientipps 99

Vorwort

Liebe Kollegen[1]**,**
das Buch, das vor Ihnen liegt, enthält 30 Unterrichtsstunden für die Jahrgangsstufen 5–7, mit denen sich aufgrund von Themenschwerpunkten und Methodenvielfalt auch sehr heterogene Lerngruppen erreichen lassen.
Unabhängig vom Lehrwerk sind die Stunden als Einstieg in ein neues Thema oder einfach als besonderes Highlight zwischendurch einsetzbar. Die einzelnen Entwürfe beinhalten jeweils eine genaue Beschreibung des Stundenverlaufs sowie Angaben zu den Zielkompetenzen der Schüler, zur erforderlichen Vorbereitung und zum benötigten Material. Letzteres ist in den meisten Fällen in Form von Arbeitsblättern und Folienvorlagen bereits kopierfertig enthalten und nur in wenigen Fällen müssen Sie auf zusätzliche Utensilien aus dem Schulfundus, wie Tablets oder Wörterbücher, zurückgreifen.

Bei der Auswahl der Themen und Methoden wurde Wert darauf gelegt, **alle wichtigen Aspekte und drängenden Fragen des modernen Fremdsprachenunterrichts** gleichermaßen zu berücksichtigen. Die Vermittlung grundlegender sprachlicher Fertigkeiten steht dabei ebenso im Vordergrund wie ein praktischer Lebensbezug zu der Welt der Schüler – um diese nicht nur dort abzuholen, wo sie stehen, sondern um sie zu begeistern und sie mitzunehmen!
Diese hochmedialisierte Welt ist gekennzeichnet von rasant wachsender Innovationsgeschwindigkeit und (bildungs)politischen Umbrüchen. Wie kann der Englischunterricht helfen, die Schüler auf ihre Rolle als mündige Bürger vorzubereiten, ohne dass ihnen die Puste ausgeht? Welche Themen gehören auch – oder gerade – im Englischunterricht verhandelt, damit Schüler Bildung und Lernen nicht als Aufholjagd erleben, bei der man sich nie sicher sein kann, was das heute Gelernte morgen noch wert ist?
Das gelingt in einem Unterricht, der nicht nur reines Wissen, Grundfertigkeiten und Techniken vermittelt, sondern den Blick über den Tellerrand hinaus wagt. Unterricht, der Spaß macht und die Schüler dazu anstachelt, sich die Sprache selbst anzueignen. Unterricht, der die Schüler in ihrem Alltag abholt und ihnen Handwerkszeug für den weiteren Lebensweg mitgibt, zum Beispiel durch die Vermittlung von korrekter und erfolgreicher Internetrecherche (wie in den Stundenentwürfen *„Save the rainforest"* oder *„New Year around the world"*) oder durch Stunden, die zur Persönlichkeitsbildung der Schüler beitragen und ihnen eine Stück auf dem Weg zum oben beschriebenen mündigen Bürger weiterbringen (zum Beispiel in dem Stundenentwurf *„I'm not prejudices, but ..."*).

Fremdsprachenunterricht sollte vor allem eines sein: verständigungsorientiert.
Aufgrund diverser Studien gelangt meist vor allem das an die Öffentlichkeit, was Schüler nicht können, im nationalen oder internationalen Vergleich *weniger gut* beherrschen, wo sie *Defizite* haben. Mangelt es an Sprachpraxis, wird so lange der Fokus auf mündlichen Ausdruck gelegt, bis die erste Beschwerde auftaucht, Fünftklässler könnten heute keinen vollständigen Satz mehr schreiben.
Dabei ist es von enormer Wichtigkeit, diese Defizitperspektive zu überwinden, damit die Hemmschwelle gesenkt wird und Kinder und Jugendliche den Schritt von der Erwartung „Ich bekomme etwas beigebracht" hin zu „Ich eigne mir aktiv etwas an" nicht nur vollziehen können, sondern auch mit Spaß bei der Sache sind. Im Fokus sollte die **Kommunikation miteinander** stehen, der Austausch. Dieser Austausch wird in vielfältiger (mündlicher wie schriftlicher) Form in den im Buch befindlichen Stundenentwürfen immer wieder aufgegriffen: ob als Präsentation der Abenteuer während einer fiktiven Nacht im

[1] Aus Gründen der besseren Lesbarkeit haben wir in diesem Buch durchgehend die männliche Form verwendet. Natürlich sind damit auch immer Frauen und Mädchen gemeint, also Lehrerinnen, Schülerinnen etc.

Vorwort

Kaufhaus oder als selbst erdachte, einstudierte und per Tablet gedrehte Folge einer *Soap opera*. Hier liegt auch das Kernziel des vorliegenden Buches: Es möchte den Schülern Spaß an Sprache und Kommunikation vermitteln und die Neugier wecken, Neues (kennen)zulernen. Dabei ist es hilfreich, an das hohe Maß an Vernetzung, von dem der Alltag Jugendlicher durchdrungen ist, anzuknüpfen: zum Beispiel sind **Umwelt- und Klimaschutz** nicht mehr nur ein Thema für den Erdkundeunterricht, sondern beschäftigen die Schüler fächerübergreifend und über den schulischen Zusammenhang hinaus. **Der Wunsch, mitzureden und durch Argumente zu überzeugen,** ist größer denn je – ebenso wie die Bereitschaft, sich hierfür nicht nur die Sachkenntnisse, sondern auch die (fremd)sprachlichen Mittel anzueignen. Aus diesem Grund haben auch solche Themen ihren Weg in dieses Buch gefunden und werden zum Beispiel in der Unterrichtsstunde *„Your carbon footprint"* aufgegriffen.

Aber auch die Kommunikation zwischen Ihnen und Ihren Schülern ist wichtig! Über einfach gestaltete Feedback-Bögen mit Fragen wie *What did I learn today?, What worked well for me in this lesson?, What should I revise at home?, Where do I still have problems?* können Sie mit Ihren Klassen ins Gespräch über Ihren Unterricht kommen, um ihn gemeinsam mit ihnen zu gestalten und einen verlässlichen Anhaltspunkt für den Lernzuwachs oder eventuellen Förderbedarf zu erhalten. Eine Vorlage für diese Bögen finden Sie auf Seite 6/7.

Ich wünsche Ihnen und Ihren Schülern viel Spaß und Erfolg bei der Umsetzung dieser Stunden.

Ihre
Marion Schadek-Bätz

Tipp:
Wie die Praxis immer wieder zeigt, lernen Schüler am meisten bzw. nachhaltigsten von ihren Mitschülern, wenn in der Klasse eine entsprechend offene und wertschätzende Lernatmosphäre herrscht. Für Aufbau und Pflege einer „Rückmeldekultur" sind *criticism gambits* hilfreich, wie sie etwa in der Unterrichtsstunde *„A criticism sandwich"* aufgeführt sind.

Feedback-Bogen (1/2)

Name: ....

◎ Today's lesson was fun!

☐ I totally agree ☐ I partly agree

☐ I quite agree ☐ I partly disagree

☐ I totally disagree

Comments

....

....

◎ Today's lesson was balanced.

☐ I totally agree ☐ I partly agree

☐ I quite agree ☐ I partly disagree

☐ I totally disagree

Comments

....

....

◎ Today's lesson was encouraging for me to contribute to.

☐ I totally agree ☐ I partly agree

☐ I quite agree ☐ I partly disagree

☐ I totally disagree

Comments

....

....

Feedback-Bogen (2/2)

Name: ....

What did I learn today?

....

....

....

....

....

What worked well for me in this lesson?

....

....

....

....

....

What should I revise at home?

....

....

....

....

Where do I still have issues?

....

....

....

....

Animals

(Klasse 5)

At the penguins' kindergarten

Darum geht's

In dieser Stunde geht es darum, den Wortschatz für einen Austausch rund um Schule, Freunde und Familie zu erweitern und zu festigen. Als Impuls dient eine Folie mit einem Bild von Pinguinen, die ihren Nachwuchs schützen.

Zielkompetenzen

Die Schüler

- trainieren Sprechen, Hörverstehen und Schreiben.
- erarbeiten und trainieren themenspezifisches Vokabular im Bereich *friends/family*.

Material

- Folienvorlage *Penguins* (S. 11), OHP, Folie
- Arbeitsblatt *True or false?* (S. 12)
- Klassensatz Scheren

Vorbereitung

Kopieren Sie die Vorlage *Penguins* auf Folie sowie das Arbeitsblatt *True or false?* im halben Klassensatz. Zerschneiden Sie das Arbeitsblatt so, dass jeder Schüler einen Kartensatz erhält.

Stundenverlauf

Einstieg

ca. 5 Minuten

Legen Sie als Impuls die Folie *Penguins* auf und decken Sie den Text dabei ab. Lassen Sie die Schüler das Bild beschreiben und erfragen Sie ihr Vorwissen über Pinguine, bevor Sie den Text aufdecken und laut vorlesen lassen. Klären Sie unbekannte Begriffe und leiten Sie im Anschluss wie folgt in die Arbeitsphase über: *You seem to know a lot about penguins already. Now let's see how it feels to be one.*

Arbeitsphase

ca. 30 Minuten

Teilen Sie die Arbeitsblätter *True or false?* aus, lassen Sie jeden Schüler verdeckt zwei wahre und zwei falsche Behauptungen in die dafür vorgesehenen Felder notieren und die Karten anschließend auseinanderschneiden. Lassen Sie den Schülern genügend Zeit, sich originelle Sätze zu überlegen. Geben Sie zwei Beispiele an der Tafel vor und erläutern Sie diese kurz:

My best friend is a good swimmer.
☐ *True* ☒ *False*

My grandma is a good dancer.
☒ *True* ☐ *False*

The first statement is false because my best friend cannot swim at all. The second one is true.
Klären Sie Rückfragen zu Vokabeln. Sobald die Schüler fertig sind, teilen Sie die Klasse in zwei Gruppen, von denen die erste *(grown-up penguins)* sich im Kreis aufstellt und die zweite *(penguin chicks)* sich ins Kreisinnere begibt. Erklären Sie den Ablauf wie folgt: *Every chick reads out its cards to a grown-up penguin and asks "True or false?" after every statement. If the penguin guesses right, the chick has to keep the card and talk to another penguin later. If the guess is wrong, the chick can give the card to the penguin. If the chick gives its last card to a penguin, the two swap positions – the chick becomes a penguin, the penguin becomes a chick and tries to get rid of its cards.* Beenden Sie die Gespräche nach ca. 10 Minuten.

Abschluss

ca. 10 Minuten

Zum Abschluss lesen Schüler, die als Pinguine Karten eingesammelt haben, diese vor. Sichern Sie einige davon an der Tafel und fragen Sie: *What do you think might be wrong with these statements?* Die Schüler stellen Mutmaßungen an, die Sie stichpunktartig hinter den Beispielen notieren. Anschließend klären die Verfasser der Karten den Sachverhalt auf. Die Karten können am Ende eingesammelt und entsorgt werden.

Penguins

© Roger – stock.adobe.com

Penguins are birds, but they can't fly.

They live in the *southern hemisphere*, some of them close to the *south pole*. Galapagos penguins can be found near the *equator*, though.

When it gets very cold, the parents form a circle around the chicks.

So the chicks are warm – and they can't run away.

It looks a bit like a kindergarten.

Vocabulary aids:
southern hemisphere – Südhalbkugel
south pole – Südpol
equator – Äquator

True or false?

Write down two facts about yourself, your friends, your class or your family that are true and two that are false. Tick the right box on each card before you cut them out.

☐ *True* ☐ *False*	☐ *True* ☐ *False*
☐ *True* ☐ *False*	☐ *True* ☐ *False*

Write down two facts about yourself, your friends, your class or your family that are true and two that are false. Tick the right box on each card before you cut them out.

☐ *True* ☐ *False*	☐ *True* ☐ *False*
☐ *True* ☐ *False*	☐ *True* ☐ *False*

  ISBN 978-3-8346-4219-6 | www.verlagruhr.de

Working dogs

Darum geht's

Umfragen zufolge sind in Deutschland Hunde auf Platz 2 der Liste der beliebtesten Haustiere. Die mit ihrer Vielseitigkeit verbundenen Bedeutungen, die Hunde für Menschen haben können, stehen im Fokus dieser Unterrichtsstunde. Die Schüler setzen sich mit drei besonderen Hunden auseinander, überlegen gemeinsam, welche Aufgaben Hunde übernehmen können, und schreiben einen Dialog aus der Sicht der Tiere.

Zielkompetenzen

Die Schüler …

- trainieren Sprechen, Schreiben, Hör- und Leseverstehen.
- erarbeiten und trainieren themenspezifisches Vokabular im Bereich *dogs.*
- formulieren einen schriftlichen Dialog.

Material

- Arbeitsblatt *A job for a dog?* (S. 14)

Vorbereitung

Kopieren Sie das Arbeitsblatt *A job for a dog?* im Klassensatz. Fordern Sie die Schüler auf, in Vorbereitung auf die Stunde Fotos ihrer Hunde auszudrucken oder aus Zeitungen und Zeitschriften ausgeschnittene Hundebilder mitzubringen. Diese können dann im Klassenraum aufgehängt werden.

Stundenverlauf

Einstieg

ca. 5 Minuten

Beginnen Sie die Stunde mit der Frage: *Who likes dogs?* Lassen Sie einige Schüler kurze mündliche Beiträge zu ihren Erlebnissen oder Erfahrungen mit Hunden formulieren und leiten Sie anschließend zur Arbeitsphase über: *Please describe a typical day in the life of your dog/the dog you just talked about.* Wenn die Schüler nicht von sich aus Aufgaben, die Hunde übernehmen, erwähnen (z. B. *Our dog is a watchdog and makes sure nobody breaks into our house. – The dog I know is a sniffer dog and works for the police.*), lenken Sie das Unterrichtsgespräch auf diesen Aspekt. *So there are some dogs which can sleep or play or cuddle all day while others have to work.*

Arbeitsphase

ca. 30 Minuten

Teilen Sie das Arbeitsblatt *A job for a dog?* an alle Schüler aus, bearbeiten Sie gemeinsam Aufgabe 1 und klären Sie bei Bedarf Vokabel- oder Aussprachefragen. Lassen Sie die Schüler zunächst ihre spontanen Eindrücke zu den Abschnitten über die drei verschiedenen Hunde formulieren. Fordern Sie sie dann auf, Aufgabe 2 zu bearbeiten, und halten Sie die Ergebnisse zu weiteren Beispielen für „Hunde mit Job" stichwortartig an der Tafel fest:

Working dogs

- *sniffer dog (searches for people, drugs, explosives)*
- *watchdog (keeps burglars off)*
- *assistance dog (helps people to get dressed)*
- *movie dog (plays parts in films)*
- *racing dog (takes part in races)*
- *guide dog/seeing-eye dog (helps blind people).*

Diskutieren Sie im Plenum kurz, mit welchen Schwierigkeiten oder Herausforderungen die jeweiligen Aufgaben für Mensch und Hund verbunden sein können. Lassen Sie die Schüler anschließend in Partnerarbeit Aufgabe 3 bearbeiten. Nachdem sie den Dialog vervollständigt haben, tauschen sie ihn mit einem anderen Paar, geben einander Feedback und überarbeiten dann ihren eigenen Text.

Abschluss

ca. 10 Minuten

Zum Abschluss werden zwei bis drei Dialoge vorgestellt und gelungene Formulierungen an der Tafel gesichert, sodass sie von allen Schülern in ihr Heft übernommen werden können.

A job for a dog?

Sully, whose full name is Sully H. W. Bush, is a yellow Labrador who used to work as former US president George Bush Senior's service dog. Bush, who was a *widower* and in a wheelchair, needed a dog that could also help him with his daily tasks. Sully can open doors, turn lights on and off and answer the phone, to name some examples. After George Bush's death, a new job was found for Sully: He now works for a hospital and helps *to reduce* stress for *patients* and people who work there.

Barry is the name of a famous St. Bernard dog who saved some 40 lives. In Barry's days – he died in 1814 – St. Bernard dogs could travel through deep snow for miles. They didn't think much of playing, probably because they had more important things to do – like rescuing people who got trapped in the snow. Nowadays, most St. Bernards are pets because they are very friendly with children.

Togo, a Siberian husky, was the lead sled dog of a team that took part in the *Serum* Run in 1925. More than 100 dogs delivered a serum that was needed to save hundreds of lives following an outbreak of diphtheria in Alaska. Until today, husky races take place to *promote immunisation*.

Vocabulary aids:
widower – Witwer
(to) *reduce* – verringern
patient – Patient
serum – Serum, Impfstoff
(to) *promote* – Werbung machen für
immunisation – Impfung

Sources: http://dogs-in-history.blogspot.com/2016/03/sled-dog-heroes-1925-serum-run_25.html

Tasks:
1. **Read the profiles of Sully, Barry and Togo, three dogs with jobs. Would you say they have (had) a good life? Why (not)?**
2. **Do you know other jobs dogs can do? Exchange ideas with your neighbour, make notes and present them in class.**
3. **With a partner, write a dialogue about two dogs talking about their jobs. Swap your dialogue with another pair and edit each other's text. Swap back and act out your dialogues in class. You can use ideas from the example below.**

Example:
Dog 1: "I have a cool job!"
Dog 2: "Really? What do you do?"
Dog 1: "Oh, I …"
Dog 2: "Isn't that …?"
Dog 1: "… But what about you?"
Dog 2: "I work as a …"
Dog 1: "Do you like your job?"
Dog 2: "…"
Dog 1: "I have to go home now. It was really nice talking to you. Bye."
Dog 2: "…"

A poetry slam at the zoo

Darum geht's

Die Schüler versetzen sich gedanklich in Zootiere, die sich über ihr Leben austauschen. Dies geschieht in Form eines Gedichtes, welches in Gruppenarbeit erstellt wird. Dafür beschäftigen sich die Schüler mit dem Wortfeld *animals* und suchen Reimwörter.

Zielkompetenzen

Die Schüler …
- trainieren Sprechen, Hörverstehen und Schreiben.
- erarbeiten und trainieren themenspezifisches Vokabular im Bereich *animals*.

Material

- Folienvorlage *Rhyme time* (S. 16), OHP, Folie
- Klassensatz DIN-A4-Blätter

Vorbereitung

Kopieren Sie die Vorlage *Rhyme time* einmal auf Folie.

Stundenverlauf

Einstieg

ca. 5 Minuten

Beginnen Sie die Stunde mit einer Frage nach dem letzten Zoobesuch der Schüler. Sammeln Sie an der Tafel alle Zootiere, die den Schülern einfallen: *Now – what animals would you expect to find at the zoo (elephants, kangaroos, crocodiles …)?*
Leiten Sie anschließend zur Arbeitsphase über mit den Worten: *Imagine you are at the zoo. It's late, there are no visitors anymore. Time for the animals to have a nice talk about their life. But animals don't talk like you and me – they always talk in rhymes!*

Arbeitsphase

ca. 30 Minuten

Lassen Sie die Schüler nach so vielen Wörtern wie möglich suchen, die sich auf die gefundenen Tiere reimen, und sichern Sie diese ebenfalls an der Tafel. Lassen Sie auch Wörter gelten, die nicht ganz genau gleich klingen. Falls den Schülern nicht genügend Wörter einfallen, legen Sie als Hilfestellung für die folgende Aufgabe die Folie *Rhyme time* auf. Überlegen Sie außerdem gemeinsam Themen, worüber die Tiere sich unterhalten könnten: *guests, the food, the dreadful veterinarian, the nice zookeepers, the weather, the new compound for the tiger, their home countries …*
Teilen Sie die Schüler anschließend in 4er-Gruppen ein. Für die folgende Aufgabe benötigt jeder Schüler ein Blatt Papier und einen Stift.
Die Gruppen sollen nun vier Gedichte über Zootiere schreiben, und zwar auf folgende Weise: Jedes Gruppenmitglied schreibt eine Zeile über ein Tier auf sein Blatt und gibt dieses an den linken Nachbarn weiter. Nun muss jeder das von seinem Vorgänger begonnene Gedicht fortsetzen. Sobald die Schüler die nächste Zeile geschrieben haben, werden die Blätter erneut an den linken Nachbarn weitergereicht. Dies wird so lange fortgeführt, bis jedes Blatt 2-mal durch die Gruppe gewandert ist und auf diese Art vier Gedichte mit jeweils acht Zeilen entstanden sind. Die Gruppe sollte sich vorher absprechen, ob die Gedichte in Paar- oder in Kreuzreimen verfasst werden sollen – die Vorgabe lautet aber, dass sie sich auf jeden Fall reimen sollen!

Abschluss

ca. 10 Minuten

Alle Schüler, die wollen, stellen ihre Texte in der Klasse vor. Eine besonders gelungene Lösung kann an die Tafel geschrieben werden.

Rhyme time

© anankkml – stock.adobe.com

elephant – elegant, arrogant

crocodile – while, smile, mile

lion – iron, Hawaiian

kangaroo – two, blue, crew, Malibu, cockatoo

© Aleksey Stemmer – stock.adobe.com

fish – dish, wish

zebra – diva, cheetah

flamingo – bingo, Santo Domingo

snake – flake, cake, shake

zoo keeper – cheater, anteater

guest(s) – test(s), request(s)

bear – wear, swear

monkey – funky, hungry

gorilla – vanilla, chinchilla

rhino – snow, grow, glow, crow

giraffe – autograph, photograph

© Eric Isselée – stock.adobe.com

food – mood, rude

water – daughter, hotter

sun – fun, run

warm – born, storm

rain – pain, chain, claim

cold – sold, told

Art, culture and tradition

(Klasse 5 und 6)

The magic runway

Darum geht's

In dieser Unterrichtsstunde dreht sich alles um Mode. Die Schüler setzen sich zunächst im Plenum mit dem Thema auseinander, bevor sie im Anschluss in Gruppenarbeit Kreationen für eine Klassenraum-Modenschau entwerfen.

Zielkompetenzen

Die Schüler ...

- trainieren Sprechen, Hörverstehen und Schreiben.
- erarbeiten und trainieren themenspezifisches Vokabular im Bereich *clothing* bzw. *fashion*.
- stellen ihre Ergebnisse mithilfe einer Plakatpräsentation vor.

Material

- Arbeitsblatt *Topic-specific vocabulary: fashion* (S. 19)
- Materialblätter *Presentation cards* (S. 20/21)
- 6 DIN-A3-Blätter, Stifte
- evtl. Klebestreifen

Vorbereitung

Kopieren Sie das Arbeitsblatt mit der Abc-Liste für *Topic-specific vocabulary: fashion* im Klassensatz. Kopieren Sie die *Presentation cards* einmal und schneiden Sie sie auseinander. Legen Sie auf sechs Gruppentischen DIN-A3-Papier und gegebenenfalls Stifte bereit.

Stundenverlauf

Einstieg

ca. 5 Minuten

Starten Sie mit einer Umfrage: *Who cares about fashion?* Lassen Sie die Schüler kurz erläutern, warum sie sich (nicht) für Mode interessieren. Schreiben Sie dann als Überschrift: *What do you expect from your clothes?* an die Tafel, um so zur Arbeitsphase überzuleiten.

Arbeitsphase

ca. 35 Minuten

Lassen Sie alle in der Klasse einen mündlichen Beitrag formulieren und sichern Sie die Ergebnisse stichwortartig an der Tafel. Die Antworten sollten sich dabei nicht nur auf modische Aspekte beziehen, sodass alle Schüler einen Bezug zum Thema herstellen können.

What do you expect from your clothes?

- *they must fit (not too short/long/loose ...)*
- *no child labour*
- *trendy/pretty/look nice*
- *suitable/adequate for the season (winter jackets, summer dresses)*
- *cheap/not too expensive*

Informieren Sie die Schüler, dass sie heute in die Rolle eines Modedesigners schlüpfen werden. Teilen Sie das Arbeitsblatt *Topic-specific vocabulary: fashion* aus und geben Sie den Schülern ein paar Minuten Zeit, um zu jedem Anfangsbuchstaben einen passenden Begriff zu notieren *(A – accessories, B – basecap, C – coat ...)*. Gefragt sind Kleidungsstücke, Accessoires, Schmuck, Muster und Farben. Sichern Sie zu jedem Buchstaben maximal drei Begriffe an der Tafel und lassen Sie die Schüler ihre Listen ergänzen.
Teilen Sie die Klasse in sechs Gruppen ein, von denen jede eine *Presentation card* erhält. Fordern Sie die Schüler auf, auf den DIN-A3-Bögen ein Outfit zu ihrer Karte zu entwerfen. Anschließend stellen alle Gruppen ihre Kreationen auf einem (imaginären) Laufsteg vor, der z. B. durch einen Klebestreifen auf dem Fußboden markiert werden kann. Am Ende wird die beste Präsentation durch den lautesten Applaus zum Sieger gekürt.

Abschluss

ca. 5 Minuten

Besprechen Sie im Plenum, ob die Einstellung der Schüler zum Thema Mode sich geändert hat: *Would fashion designer be a job for you? Why (not)?*

Topic-specific vocabulary: fashion

A ....

B ....

C ....

D ....

E ....

F ....

G ....

H ....

I ....

J ....

K ....

L ....

M ....

N ....

O ....

P ....

Q ....

R ....

S ....

T ....

U ....

V ....

W ....

X ....

Y ....

Z ....

Presentation cards: fashion (1/2)

Presentation card: *Create a **winter** outfit for*

a peasant of the Middle Ages

Make a poster. Draft an outfit and label it. Then present it on the magic runway that connects fashion trends of the past, present, and future.

Useful words and phrases: peasant (Bauer) – stockings (like socks but longer) – sheepskin cloak – tunic – mittens (gloves that do not cover your fingers) – woolen hat – protection from the cold and rain – Our model takes to the runway in (a creation for .../the perfect outfit for ...)

Presentation card: *Create an outfit for*

the New York Fashion Week

Make a poster. Draft an outfit and label it. Then present it on the magic runway that connects fashion trends of the past, present, and future.

Useful words and phrases: takes place four times a year – extravagant – different shows: industry-only show (not for everybody) and open-to-the-public show (for people like you and me) – streetwear – lifestyle – Our model takes to the runway in (a creation for .../the perfect outfit for ...)

Presentation card: Create a spring outfit for

a Friday afternoon in Paris

Make a poster. Draft an outfit and label it. Then present it on the magic runway that connects fashion trends of the past, present, and future.

Useful words and phrases: streetwear – sneakers – spring collection – Paris fashion – Our model takes to the runway in (a creation for .../the perfect outfit for ...)

  ISBN 978-3-8346-4219-6 | www.verlagruhr.de

Presentation cards: fashion (2/2)

Presentation card: *Create an outfit for*

a summer vacation in Iceland

Make a poster. Draft an outfit and label it. Then present it on the magic runway that connects fashion trends of the past, present, and future.

Useful words and phrases: *midnight sun – sweater – sheep wool – fabric pattern – warm but not too hot – jacket – Our model takes to the runway in (a creation for …/ the perfect outfit for …)*

Presentation card: *Create an outfit for*

a fashion show at your school

Make a poster. Draft an outfit and label it. Then present it on the magic runway that connects fashion trends of the past, present, and future.

Useful words and phrases: new trend – school uniform – student designer – competition – Our model takes to the runway in (a creation for …/the perfect outfit for …)

Presentation card: Create a spring outfit for

a trip to the moon

Make a poster. Draft an outfit and label it. Then present it on the magic runway that connects fashion trends of the past, present, and future.

Useful words and phrases: space suit – boots – helmet – outerwear – durability – spacewalk – Our model takes to the runway in (a creation for …/the perfect outfit for …)

My dream room

Darum geht's

In dieser Stunde beschäftigen sich die Schüler nicht nur mit Farben, Formen und Möbelstücken, sondern sie betätigen sich am Ende der Stunde auch als kreative Möbeldesigner.

Zielkompetenzen

Die Schüler ...

- trainieren Sprechen, Hörverstehen und Schreiben.
- erarbeiten und trainieren themenspezifisches Vokabular im Bereich *shapes, furniture* und *colours*.

Material

- Arbeitsblätter *Colours and shapes* (S. 23/24)
- 5–6 Möbelhausprospekte

Vorbereitung

Kopieren Sie die Arbeitsblätter *Colours and shapes* jeweils im Klassensatz und bringen Sie fünf bis sechs Möbelhausprospekte mit.

Stundenverlauf

Einstieg

ca. 5 Minuten

Beginnen Sie die Stunde mit einem kleinen Zeitsprung: *I would like you to go back to earlier this morning. You are in your room. What do you see? What furniture is in there, what colour is your carpet, is your room tidy?* Lassen Sie zwei bis drei Schüler etwas über ihre Zimmer erzählen und sichern Sie Vokabeln rund um Einrichtungsgegenstände an der Tafel *(desk, bed, chair)*. Leiten Sie dann zur Arbeitsphase über: *Imagine your room is empty and you can put in there whatever you want. You are taking part in a design contest – only the most unusual pieces of furniture will win!*

Arbeitsphase

ca. 30 Minuten

Teilen Sie die Klasse in fünf bis sechs Gruppen auf und stellen Sie jeder Gruppe einen Möbelhausprospekt zur Verfügung. Geben Sie den Gruppen 5 Minuten Zeit, um die Prospekte durchzusehen und die wichtigsten Einrichtungsgegenstände zu notieren (je nach Vorkenntnissen kann hier differenziert werden: alles auf Englisch, alles auf Deutsch oder so viel wie möglich auf Englisch, der Rest auf Deutsch). Lassen Sie die Gruppen ihre Listen vorstellen, sichern Sie alle Begriffe auf Englisch an der Tafel und lassen Sie die Vokabeln von allen in ihre Hefte übernehmen.
Teilen Sie dann die Arbeitsblätter *Colours and shapes* an alle aus und lassen Sie die Schüler in ihren Gruppen die Aufgaben 1 und 2 bearbeiten. Vergleichen Sie die Ergebnisse der Lückentexte und stellen Sie sicher, dass alle die Aufgabenstellung 3 verstanden haben: *In your groups, choose three pieces of furniture you would like to design for your room. Choose the colours and the shapes. But careful! Make sure the other groups don't see what you are up to! You'll only get points for colours and shapes no other group chose.*

Abschluss

ca. 10 Minuten

Alle Gruppen stellen ihre Ergebnisse vor, indem sie ihre Zeichnungen im Plenum präsentieren. Halten Sie die Ergebnisse in Stichpunkten an der Tafel fest. Im Anschluss werden die Punkte vergeben.

Group 1: red square bed, green round shelf, blue triangular desk (-2 points)
Group 2: silver square desk, golden half-round chair, green heart-shaped wardrobe (-2 points)
Group 3: ...

Beim derzeitigen Stand gibt es für die Gruppen 1 und 2 aufgrund von Überschneidungen je zwei Punkte Abzug.

Colours and shapes (1/2)

Tasks:

1. **The world is not just black and white, but there are lots of colours. Which ones do you know? Use the words from the box to complete the sentences and underline them in the correct colours.**

> red – blue – grey – yellow – orange – green – brown – pink – purple – silver – gold – turquoise

People's eyes are usually **b** _ _ _, **b** _ _ _ _, **g** _ _ _ _ or **g** _ _ _.

When the sun is shining, the sky is

b _ _ _, but when it's raining, the sky is **g** _ _ _. Tomatoes and strawberries are

g _ _ _ _ before they turn **r** _ _.

Lemons are also **g** _ _ _ _ at the beginning, but later on,

they are **y** _ _ _ _ _. Oranges are … well, that's easy, isn't it?

They are **o** _ _ _ _ _, of course.

Trees are **g** _ _ _ _, but in autumn, their leaves turn **b** _ _ _ _, **y** _ _ _ _ _

and **r** _ _. A flamingo is **p** _ _ _ and lavender is **p** _ _ _ _ _.

From the sandy beach you can see the **t** _ _ _ _ _ _ _ _ water of the sea.

That's a nice ring. Is it **s** _ _ _ _ _ or **g** _ _ _?

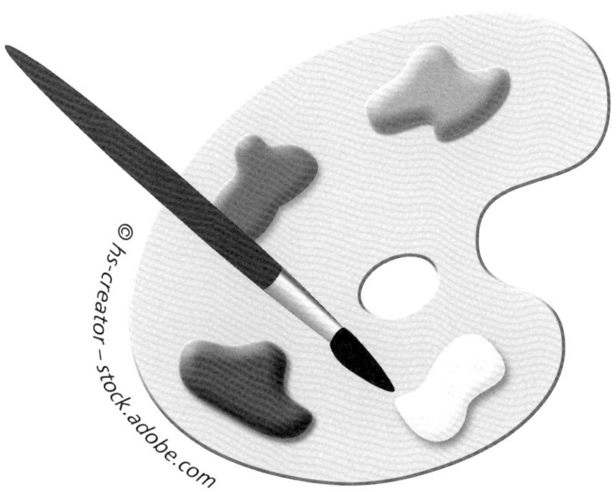

Colours and shapes (2/2)

2. How about a round bed or a triangular desk? A square desk might be fun, but a rectangular one might be more practical. Complete the sentences with words from the box. (There are two more words than you need.)

circle – round – squares – square – rectangle – rectangular – triangle – triangular – semi-circles – half-round

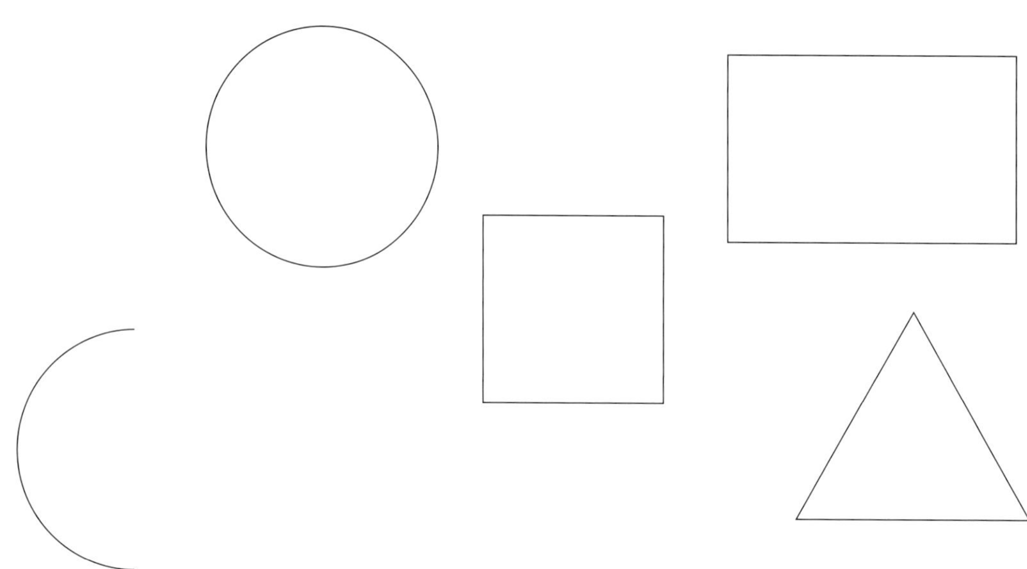

Circles are _ _ _ _ _ _. If you cut a _ _ _ _ _ _ in two halves,

you get two _ _ _ _ _ - _ _ _ _ _ _ _ _ _ _ which are both _ _ _ _ _ - _ _ _ _ _ _ _.

Cubes consist of six _ _ _ _ _ _ _ _ _. If your room measures 3 x 3 metres,

you can call it a _ _ _ _ _ _ _ _ room. Desks are usually _ _ _ _ _ _ _ _ _ _ _ _ _ _.

The desktop has the shape of a _ _ _ _ _ _ _ _ _ _ _.

3. Draw three pieces of furniture for your dream room in your exercise book and label them.
(Example: a black square bed.) You can use more shapes (heart, oval …).
Compare your results in class. Your group gets one point for each colour, shape and piece of furniture that only you have.

Cheat sheets

Darum geht's

„Der beste Spickzettel ist der, den man nicht braucht", lautet ein Sprichwort. Schummeln ist riskant und außerdem unfair, doch um sich an das, was man auf einem *cheat sheet* für den „Ernstfall" notiert hat, zu erinnern, muss man es oft gar nicht vor sich haben. Es genügt, sich intensiv mit dem Stoff auseinanderzusetzen und ihn auf immer kleineren Zetteln immer weiter „einzudampfen".
In dieser Stunde lernen die Schüler, Lernzettel anzufertigen, die sie dabei unterstützen, sich Inhalte nachhaltig einzuprägen.

Zielkompetenzen

Die Schüler …
- können Informationen übersichtlich zusammenstellen.
- lernen Arbeitstechniken zur gezielten Informationsgewinnung und -verdichtung kennen und wenden sie an.
- trainieren Leseverstehen.

Material

- Arbeitsblatt *My cheat sheet* (S. 27)
- je ein Blatt in DIN-A3-, -A4- und -A5-Format
- Sach- oder Grammatiktext (z. B. aus dem Englischbuch; der Text sollte so lang sein, dass die Schüler es schaffen, ihn in 10 Minuten zu lesen und die wichtigsten Informationen herauszuschreiben)

Vorbereitung

Kopieren Sie die Vorlage *My cheat sheet* im Klassensatz und bereiten Sie drei angebliche „Spickzettel" vor. Beschreiben Sie den ersten (A3-Format) wild und unsystematisch mit Stichpunkten zum Thema der geplanten Stunde. Der nächste (A4-Format) sollte übersichtlicher und kompakter gestaltet sein, der letzte (A5-Format) sollte dann alle wesentlichen Informationen auf einen Blick erfassbar aufweisen (s. Abbildungen).

Stundenverlauf

Einstieg

ca. 15 Minuten
Als humorvollen Einstieg können Sie behaupten, vergessen zu haben, was das Thema der heutigen Stunde sein soll: *Today we are going to talk about … What was it again? I really can't remember. Well, luckily I prepared a cheat sheet … While I am rummaging through my bag – does anybody know what a cheat sheet is?*
Lassen Sie die Schüler Vermutungen anstellen und geben Sie, wenn nötig, weitere Hinweise, bevor Sie Ihren vorbereiteten DIN-A3-„Spickzettel" aus der Tasche holen, ihn ganz auffalten und der Klasse die erkennbar unsystematischen Notizen präsentieren: *Ah, here it is! See? It's a good cheat sheet, isn't it? So who knows what our topic is for today?*

Lassen Sie die Schüler ein paar Vermutungen äußern und ermuntern Sie sie dazu, Ihr *cheat sheet* zu kritisieren *(too big, too messy)*. Halten Sie den DIN-A4-Zettel hoch und zeigen Sie Ihren Entwurf für die überarbeitete Version Ihres Spickzettels zum selben Thema: *So this is better, isn't it? What do you think?*

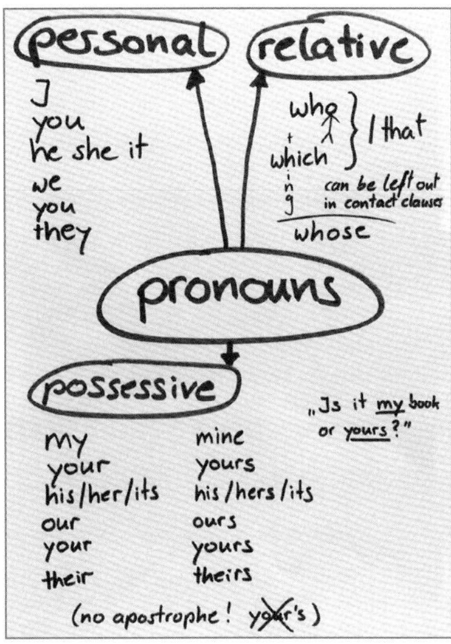

Zeigen Sie zum Schluss Ihren übersichtlich gestalteten Spickzettel im DIN-A5-Format. Leiten Sie dann zur Arbeitsphase über: *So that's better, isn't it? Would you use this to prepare for a test? Discuss this question with your partner.*

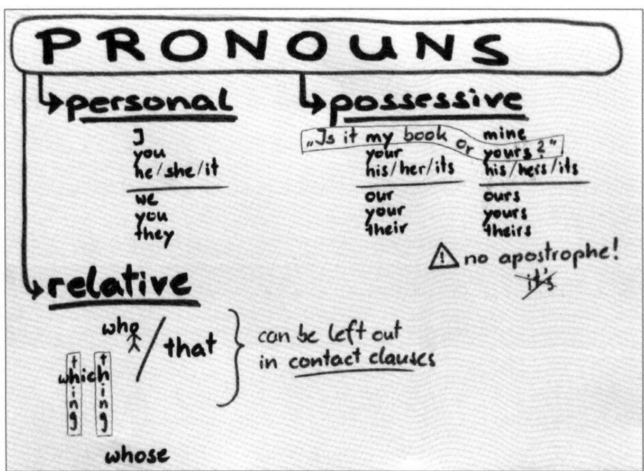

Arbeitsphase

ca. 20 Minuten

Nachdem die Schüler sich kurz in Partnerarbeit über die Gestaltung eines Lernzettels ausgetauscht haben, teilen Sie die Kopien von *My cheat sheet* an alle in der Klasse aus. Lassen Sie die Schüler das Englischbuch auf der Seite mit dem ausgewählten Sach- oder Grammatiktext aufschlagen und geben Sie den Schülern maximal 10 Minuten Zeit, um einen Spickzettel dazu anzufertigen. Wichtig ist, dass ihnen dabei nur das Feld 1 zur Verfügung steht.
Anschließend fordern Sie die Schüler dazu auf, die Bücher zu schließen, die wichtigsten Punkte aus Feld 1 in das kleinere Feld 2 geordnet zu übertragen und das Arbeitsblatt in der Mitte zu falten, sodass Feld 1 nicht mehr sichtbar ist. Danach wiederholen Sie die Aufgabe und lassen die Informationen aus Feld 2 in Feld 3 zusammenfassen. Zum Abschluss lassen Sie die Schüler ein letztes Mal ihren Spickzettel auf die Hälfte verkleinern und so falten, dass nur noch Feld 3 sichtbar ist.

Abschluss

ca. 10 Minuten

Lassen Sie einen Schüler den Inhalt seines kleinsten Spickzettels als Aufhänger für eine Klassendiskussion an die Tafel schreiben: *What do you think of this cheat sheet? (Is everything correct/clear? What would you add or leave out?)*
Nachdem der Entwurf an der Tafel gemeinsam überarbeitet wurde, lassen Sie einen oder, wenn noch Zeit ist, mehrere Schüler mithilfe dieses und ihres eigenen *cheat sheets* einen mündlichen Beitrag zu dem Thema des Sach- oder Grammatiktextes formulieren. Die übrigen Schüler schlagen ihre Bücher wieder auf und überprüfen, ob nichts Wichtiges vergessen wurde.

Lassen Sie zum Abschluss alle Schüler ein kurzes Statement formulieren, was einen guten Spickzettel ausmacht, indem sie den Satzanfang *A good cheat sheet …* ergänzen. Sichern Sie die Ergebnisse an der Tafel:

A good cheat sheet …
… is not too long and not too short.
… has a good structure.
… is easy to read.
… consists of keywords.

My cheat sheet

1

2

cheat sheet

3

Soap opera

Darum geht's

In dieser Unterrichtsstunde wird die Schule zum Filmset für eine *soap opera*. Die Schüler erarbeiten gemeinsam eine Folge, die sie als Video umsetzen.

Zielkompetenzen

Die Schüler …
- trainieren Sprechen und Hörverstehen.
- stärken ihre soziale Kompetenz.
- erweitern ihre Medienkompetenz, indem sie eine Filmsequenz selbst erstellen.

Material

- Materialblatt *Role cards: soap opera* (S. 29)
- Jeweils ein Tablet für fünf Schüler

Tipp
„Live on stage" statt „Alles im Kasten": Wenn keine Schul-Tablets zur Verfügung gestellt werden können, kann die Aufnahme auch durch einen Live-Vortrag der Schüler – ähnlich einer Theateraufführung – ersetzt werden. Hierfür machen die Schüler sich vorab etwas ausführlichere Notizen.

Vorbereitung

Kopieren Sie das Materialblatt mit den *Role cards: soap opera* so oft, dass jeweils für zehn Schüler eine Kopie vorhanden ist. Schneiden Sie die Kopien in zwei Hälften. Stellen Sie sicher, dass jede Gruppe ein Tablet zur Verfügung hat, mit dem sie die Ergebnisse als Video aufnehmen kann.

Stundenverlauf

Einstieg

ca. 5 Minuten

Schreiben Sie *soap opera* an die Tafel und erfragen Sie, was die Schüler mit diesem Begriff verbinden. Leiten Sie mit einer Definition zur Arbeitsphase über: *They are called soap operas, by the way, because soap manufacturers sponsored the first productions and the plots are usually as dramatic as an opera. A soap opera is like a never ending TV or radio series that goes on and on about the rich and the beautiful, the good and the bad – or just about people like you and me.*

Arbeitsphase

ca. 30 Minuten

Teilen Sie die Klasse in 5er-Gruppen ein, bestehend aus vier *actors* und einem *narrator*, und händigen Sie jeder Gruppe einen Bogen mit Rollenkarten und ein Tablet aus. Das Filmen und die Regie werden vom *narrator* mit übernommen. Lesen Sie gemeinsam, was bisher geschah *(Previously on)* und klären Sie gegebenenfalls Vokabelfragen, bevor die Schüler in die Rolle ihrer Charaktere schlüpfen, sich ein paar Stichworte notieren und dann ihren improvisierten Dialog aufnehmen. Weisen Sie an dieser Stelle ausdrücklich darauf hin, dass den Schülern exakt 15 Minuten für eine maximal 2–3 minütige, sendefertige Szene zur Verfügung stehen, bei der alle einmal zu Wort kommen müssen, und der Rest gegebenenfalls live nachgespielt wird: *There was a lot of pressure on the filmmakers to produce an episode in almost no time, so the quality was not always good. Sometimes the episodes were not even finished when the show was on already. In those cases the actors acted out the missing parts live in front of the camera.*
Die Schüler stellen nacheinander und ohne Unterbrechung die Gespräche in Saras und Julias Haus im Wechsel vor. Geben Sie ihnen im Anschluss Gelegenheit, spontane Eindrücke zu äußern und ihren eigenen Ansatz zu reflektieren: *Do you think, the audience will like this episode? Why (not)?*

Abschluss

ca. 10 Minuten

Diskutieren Sie, wie bei den Schülern zu Hause mit einer solchen Situation umgegangen würde. *Would you or your parents react like your role card character in reality?*

Role cards: soap opera

Previously on: Sara, the most popular girl at Midtown Highschool, is throwing a big party. Everyone hopes for an invitation. Her close friend Julia got one. (Choose a role card and act out the conversation)

© James Steidl – stock.adobe.com

Narrator: "Meanwhile at Julia's home"	
Julia's father: (You think the girl who throws the party has a bad influence on your daughter.)	**Julia:** (You got an invitation and you think the party is the biggest event of the year.)
Julia's mother: (You think your daughter is too young to go to a party.)	**Julia's brother:** (You would love to go to the party, too, but are not invited.)

Previously on: Sara, the most popular girl at Midtown Highschool, is throwing a big party. Everyone hopes for an invitation. But Sara forgot to ask her parents for permission. (Choose a role card and act out the conversation.)

© James Steidl – stock.adobe.com

Narrator: "Meanwhile at Sara's home"	
Sara's father: (You wanted to invite guests yourself on the day Sara is planning her party.)	**Sara:** (You have already invited all your friends.)
Sara's mother: (You had no idea that your daughter is planning a party.)	**Sara's brother:** (You can't stand your sister's friends and don't want them in your home.)

Chess

Darum geht's

In dieser Unterrichtsstunde geht es um Bewegungen im Raum und Richtungsangaben: *forwards, backwards, to the left, to the right, diagonally.* Hierfür verwandelt die Klasse sich in ein lebendiges Schachbrett. Im Vordergrund stehen dabei nicht die Regeln, sondern der Bewegungsspielraum der einzelnen Figuren, aus deren Perspektive die Züge im Nachhinein in Form eines Tagebucheintrags festgehalten werden.

Zielkompetenzen

Die Schüler ...

- trainieren Sprechen und Hörverstehen.
- festigen ihr Vokabular zu Richtungsangaben.
- trainieren die Anwendung des Imperativs durch die Spielbeschreibung.

Material

- 64 quadratische, weiße Zettel
- Materialblätter *Chess pieces and their moves* (S. 31–33)
- Folienvorlage *Vocabulary aids* (S. 34), OHP, Folie
- Laminiergerät, Folie
- Schachfigur

Vorbereitung

Markieren Sie die Hälfte der 64 Zettel mit einem schwarzen Filzstift-Kreuz. Kopieren Sie die Vorlage *Chess pieces and their moves*, zerschneiden Sie sie und laminieren Sie die einzelnen Materialkarten. Kopieren Sie die *Vocabulary aids* auf Folie.

Stundenverlauf

Einstieg

ca. 15 Minuten

Halten Sie eine mitgebrachte Schachfigur hoch und fragen Sie, ob jemand weiß, zu welchem Spiel diese gehört. Im Falle allgemeiner Ratlosigkeit geben Sie weitere Hinweise – deuten Sie z. B. das Muster eines Schachbretts an der Tafel an oder beschreiben Sie Details: *You need a board for this game. It consists of 64 squares, half of them black, the other half white. There are two sets of pieces, one black and one white.* Lassen Sie zu Anfang auch Beiträge auf Deutsch zu. Beginnen Sie dann mit der Vorstellung der einzelnen Figuren. Halten Sie die Materialkarte mit der jeweiligen Figur hoch, legen Sie die Folie mit den *Vocabulary aids* auf und deuten Sie mit Gesten die Zugrichtung der Figur an, während Sie die Spielanweisungen vorlesen. Leiten Sie anschließend zur Arbeitsphase über mit dem Hinweis: *Now you are going to make your first moves on the chessboard today. Who wants to have a go first?*

Arbeitsphase

ca. 20 Minuten

Legen Sie mithilfe der vorbereiteten Zettel ein Schachbrett aus (bei Platzmangel kann auch ein Feld mit 32 oder 50 Feldern markiert werden). Fordern Sie zwei Schüler auf, sich auf einen beliebigen Platz auf das Spielfeld zu stellen und verdeckt je eine Karte aus dem Stapel mit den weißen bzw. schwarzen Figuren zu ziehen. Erklären Sie die Spielregeln, nach denen im Anschluss immer zwei Schüler gegeneinander antreten werden: *Take turns to make moves according to your role cards. Each of you has three moves which you have to say out loud while making them. When one pair is finished, the next pair takes position, please. White begins.* Fordern Sie die Schüler, die gerade selbst als Schachfiguren aktiv waren, auf, an die Tafel zu gehen, um dort abwechselnd die Züge der Figuren des Schülerpaars nach ihnen zu dokumentieren *(white pawn: one move forward, black knight: one move to the left, two moves backwards ...).*

Abschluss

ca. 10 Minuten

Zum Abschluss verarbeiten alle Schüler ihr Spiel aus Sicht ihrer Figur zu einem Tagebucheintrag, von denen zwei bis drei am Ende der Stunde oder in der nächsten Stunde vorgestellt werden: *Dear diary, Today I met Black Knight. He jumped a lot and nearly captured me once ...*

Chess pieces and their moves (1/3)

Pawn (white)
Pawns can only move forward by one square each time; to capture another piece, however, they can move diagonally.

And they have a hidden superpower: if one of them reaches the other side of the board, it can be transformed into bishop, knight, rook or queen.

Pawn (black)
Pawns can only move forward by one square each time; to capture another piece, however, they can move diagonally.

And they have a hidden superpower: if one of them reaches the other side of the board, it can be transformed into bishop, knight, rook or queen.

Bishop (white)
A bishop can move diagonally for any number of squares but only in a straight line.

Bishop (black)
A bishop can move diagonally for any number of squares but only in a straight line.

Chess pieces and their moves (2/3)

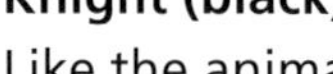

Knight (white)
Like the animal it depicts, the knight can jump during a move. It always moves in the shape of an L: one square in one direction, and two aside.

© CHIARI VFX – Shutterstock.com

Knight (black)
Like the animal it depicts, the knight can jump during a move. It always moves in the shape of an L: one square in one direction, and two aside.

© CHIARI VFX – Shutterstock.com

Rook (white)

Like bishops, rooks can only move in a straight line. However, they cannot go diagonally; instead, they move in lines parallel to those of the chessboard.

© CHIARI VFX – Shutterstock.com

Rook (black)

Like bishops, rooks can only move in a straight line. However, they cannot go diagonally; instead, they move in lines parallel to those of the chessboard.

© CHIARI VFX – Shutterstock.com

Chess pieces and their moves (3/3)

Queen (white)
The queen can move in any direction for any number of squares (but, like bishops and rooks, only in a straight line).

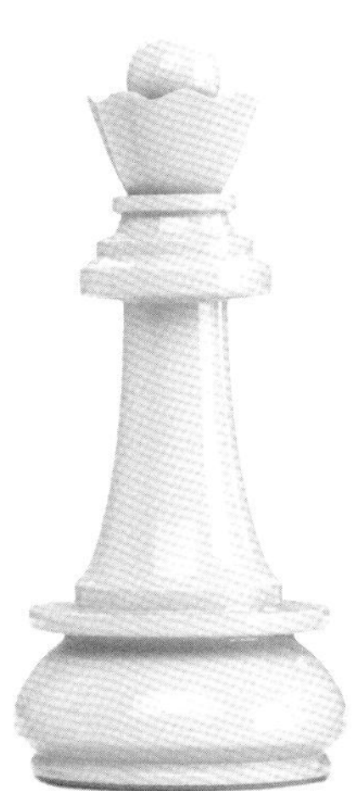

© CHIARI VFX – Shutterstock.com

A queen is the most powerful piece in any chess game.

Queen (black)
The queen can move in any direction for any number of squares (but, like bishops and rooks, only in a straight line).

© CHIARI VFX – Shutterstock.com

A queen is the most powerful piece in any chess game.

King (white)
A king can move one square in any direction.

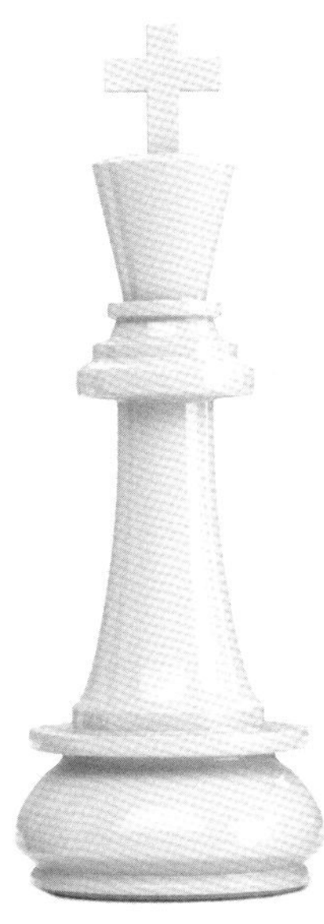

© CHIARI VFX – Shutterstock.com

A king is the centerpiece of the game: when the king is unable to move and under direct threat from an opponent's piece, it is called a check-mate. A check-mate immediately ends the game.

King (black)
A king can move one square in any direction.

© CHIARI VFX – Shutterstock.com

A king is the centerpiece of the game: when the king is unable to move and under direct threat from an opponent's piece, it is called a check-mate. A check-mate immediately ends the game.

Vocabulary aids

Pawn *(Bauer)*
Pawns can only move forward by one **square** *(Feld)* each time; **to capture another piece** *(eine andere Figur schlagen)*, they can move diagonally. And they have a hidden superpower: if one of them reaches the other side of the board, it can **be transformed** *(umgewandelt werden)* into almost any other **piece** *(Spielfigur)*: bishop, rook, knight or queen.

Bishop *(Läufer)*
A bishop can move diagonally for any number of squares but only in a straight line and cannot change direction during a move.

Knight *(Springer)*
Like the animal it **depicts** *(abbilden, darstellen)*, the knight can jump during a move. It always moves in the shape of an L: one square in one direction, and two aside.

Rook *(Turm)*
Like bishops, rooks can only move in a straight line. However, they cannot go diagonally; instead, they move in lines parallel to those of the chessboard.

Queen *(Dame)*
A queen is the most powerful piece in any chess game. The queen can move in any direction for any number of squares (but, like bishops and rooks, only in a straight line).

King *(König)*
A king is the **centerpiece** *(Hauptfigur)* of the game: when the king is unable to move and under direct **threat** *(Bedrohung)* from an **opponent's** *(Gegner)* piece, it is called a **check-mate** *(Schachmatt)*. A check-mate immediately ends the game. During a move, a king can move one square in any direction.

© CHIARI VFX – Shutterstock.com (alle Spielfiguren)

New Year around the world

Darum geht's

Der Beginn eines neuen Jahres ist für viele Menschen auf der ganzen Welt ein Grund zu feiern. In dieser Unterrichtsstunde begeben sich die Schüler via Internet auf imaginäre Weltreise quer durch alle Zeitzonen und erforschen, welche Silvester-Traditionen in anderen Ländern gepflegt werden.

Zielkompetenzen

Die Schüler ...
- trainieren Sprechen, Hör- und Leseverstehen.
- wiederholen die Zeitangaben.
- erweitern ihre interkulturelle Kompetenz.
- erweitern ihre Medienkompetenz.

Material

- Tablets oder Zugang zu Computern für die Recherche für mindestens jeden zweiten Schüler
- Arbeitsblatt *Happy New Year!* (S. 36)
- Folienvorlage *Useful vocabulary* (S. 37), OHP, Folie

Vorbereitung

Kopieren Sie das Arbeitsblatt *Happy New Year!* im Klassensatz und die Vorlage *Useful vocabulary* einmal auf Folie. Stellen Sie den Zugang zu Geräten für die Recherche sicher.

Stundenverlauf

Einstieg

ca. 5 Minuten

Laden Sie alle Schüler nach der Blitzlicht-Methode ein, sich zur Bedeutung, die der Anfang eines neuen Jahres für sie hat, zu äußern. *Imagine it's the 31st of December. You're only one minute away from the new year ... How does that feel?* Greifen Sie Schülerantworten auf, in denen herausgestellt wird, dass es mehr als eine Gelegenheit im Jahr geben sollte, Veränderungen anzustoßen, oder lenken Sie ansonsten das Gespräch selbst auf diesen Punkt: *Imagine you could have this magic moment more than once. If it was possible to travel quickly enough, you could go through all time zones and ring in the new year 38 times.* Leiten Sie dann zur Arbeitsphase über: *Now let's see how people around the world welcome the New Year.*

Arbeitsphase

ca. 30 Minuten

Teilen Sie das Arbeitsblatt *Happy New Year!* aus und besprechen Sie den Arbeitsauftrag mithilfe des Beispiels Japan. Legen Sie die Folie *Useful vocabulary* auf, und fordern Sie die Schüler auf, ins Internet zu gehen und geben Sie ihnen anschließend genügend Zeit, um einzeln oder in Partnerarbeit drei weitere Beispiele zu recherchieren. Weisen Sie auf den angegebenen Link am Ende der Seite zur Übersicht über Zeitzonen hin.

> **Tipps für die Internetrecherche:**
> Um gezielt in die inhaltliche Arbeit einzusteigen, empfiehlt es sich, den Schülern eine digitale Liste mit nützlichen Links zur Verfügung zu stellen. Vereinbaren Sie mit der Klasse Regeln für eigene Recherchen, z. B. dass jedes Ergebnis mithilfe mindestens zweier verschiedener Quellen überprüft werden sollte. Sollten die Schüler bei ihren Recherchen zu widersprüchlichen Ergebnissen gekommen sein, kann dies am Ende der Stunde thematisiert werden.

Fordern Sie die Schüler auf, nützliche Links in der Klasse vorzustellen und in geeigneter Form zu sichern. Dies kann – je nach Technik-Affinität – in Form einer digitalen Liste oder durch Anschreiben an die Tafel und Übertragen ins Heft geschehen.

Abschluss

ca. 10 Minuten

Besprechen Sie die Ergebnisse im Plenum. Schreiben Sie dafür das Land und die Uhrzeit an die Tafel und lassen Sie die Schüler die näheren Ausführungen zu den jeweiligen Feierlichkeiten mündlich vortragen.

Happy New Year!

Most people see a new year as a chance to change things for the better. Everybody has *individual goals* in life, so the *new year's resolutions differ* as well. Some people *vow* to work less, others to work harder, for example. It is a magic moment when the clock shows 00:00 between December, 31st and January, 1st. How about celebrating the start of a new year more than once?
With almost 40 different *local times* in use, it takes more than a day (26 hours) until *Happy New Year!* has been said in every country of the world.

Task:
Log on the internet and find out more about New Year's celebrations in three different countries. Use the table below to make notes.

00:00 "Happy New Year!" in ...	German time	How do people *ring in the new year*?
Japan	*16:00 (4 o'clock p.m.) on the 31st of December*	*celebrate with their families, holidays until 3rd January, no fireworks, people say "akemashite-omedetou-gozaimasu" (Happy New Year) to each other*

Vocabulary aids:
individual goals – eigene Ziele
new year's resolution – Vorsätze für das neue Jahr
to differ – sich unterscheiden
to vow – geloben, schwören
local time – Ortszeit
to ring in the new year – das neue Jahr einläuten

Useful link:
Time zones: www.timeanddate.com/counters/firstnewyear.html

Useful vocabulary

Halloween

Darum geht's

Halloween zählt in den USA neben Thanksgiving und Weihnachten mittlerweile zu den wichtigsten Traditionen, doch auch überall sonst auf der Welt steigen jedes Jahr am 31. Oktober Partys mit Gruselfaktor. In dieser Unterrichtsstunde geht es um die Planung einer Party und um das Gestalten und Formulieren von Einladungen.

Zielkompetenzen

Die Schüler …

- trainieren Sprechen, Hörverstehen und Schreiben.
- festigen und trainieren themenspezifisches Vokabular im Bereich *traditions* und *activities*.

Material

- Arbeitsblatt *Halloween fact sheet* (S. 39)
- Folienvorlage *Mindmap Halloween* (S. 40), OHP, Folie, Folienstift
- DIN-A4-Papier für jede 3er-Gruppe

Vorbereitung

Kopieren Sie das Arbeitsblatt *Halloween fact sheet* im Klassensatz und lassen Sie es von den Schülern als vorbereitende Hausaufgabe zu dieser Stunde bearbeiten. Kopieren Sie die Vorlage *Mindmap Halloween* auf Folie.

Stundenverlauf

Einstieg

ca. 10 Minuten

Legen Sie zum Einstieg die Folie *Mindmap Halloween* auf. Besprechen Sie die Hausaufgaben und geben Sie den Schülern dabei Gelegenheit, die fehlenden Begriffe auf der Folie zu ergänzen. Die Lösungen für ***costumes*** sind: *witch, devil, vampire, werewolf, magician, Frankenstein, ghost* und für ***activities***: *dress up, play games, pranks, trick-or-treating, pumpkin carving.* Sichern Sie diese mit einem Folienstift und sammeln Sie um die dritte Fledermaus *food*- und weitere Ideen, die die Schüler in die ersten beiden Felder ihrer Tabellen eingetragen haben. Wenn es keinen thematischen Oberbegriff dafür gibt, können Sie sie auch einfach nur als *more ideas* bezeichnen und alles aufnehmen, was sich keiner Kategorie zuordnen lässt. Leiten Sie zur Arbeitsphase über mit der Frage: *Do you celebrate Halloween?*

Arbeitsphase

ca. 25 Minuten

Lassen Sie die Mindmap weiterhin aufliegen, sodass die Schüler sich während der Arbeitsphase dort immer wieder Anregungen holen können. Teilen Sie die Klasse in 3er-Gruppen ein, die arbeitsteilig *(costumes, activities, food)* eine Halloween-Party vorbereiten und gemeinsam eine Einladungskarte auf DIN-A4-Papier erstellen. Am Ende der Arbeitsphase tauschen die Gruppen ihre Einladungen untereinander aus und entscheiden, ob sie zu der Party gehen würden oder nicht.

Alle oder keiner – *all or none*
Je nach Lerngruppe können Sie die Schüler vor eine zusätzliche Herausforderung stellen: Einladungen können von den 3er-Gruppen nur einstimmig angenommen oder abgelehnt werden. Bei unterschiedlichen Interessen müssen die Schüler dann im Gespräch versuchen, Einigkeit herzustellen.

Abschluss

ca. 10 Minuten

Zum Abschluss werden alle Einladungskarten gut sichtbar an der Tafel angebracht oder in der Mitte des Klassenraums am Boden ausgelegt. Lassen Sie je einen Schüler, der die Einladung angenommen bzw. abgelehnt hat, seine Entscheidung begründen und steigen Sie damit in die Abschlussdiskussion über *Halloween parties* generell ein. Ermuntern Sie die Schüler, auch kritische Töne zu äußern.

Halloween fact sheet

Have you ever been to a Halloween party or thrown one yourself? Halloween parties are very popular in the USA, but celebrations take place in many other countries around the world on 31st October, too. How do people celebrate and where does this tradition come from? Do some research and fill in the table below.

© Smileus – stock.adobe.com

What is Halloween?	
Where does Halloween come from?	
Which activities are typical for a Halloween party in the USA?	
Which costumes are popular or traditional?	
What kind of food is usually served at a Halloween party?	

Mindmap Halloween

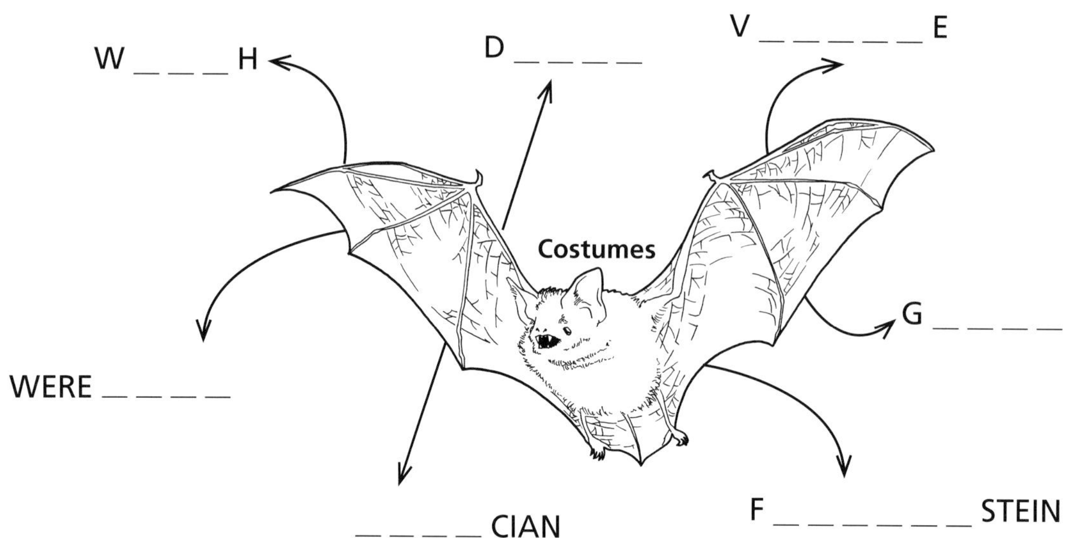

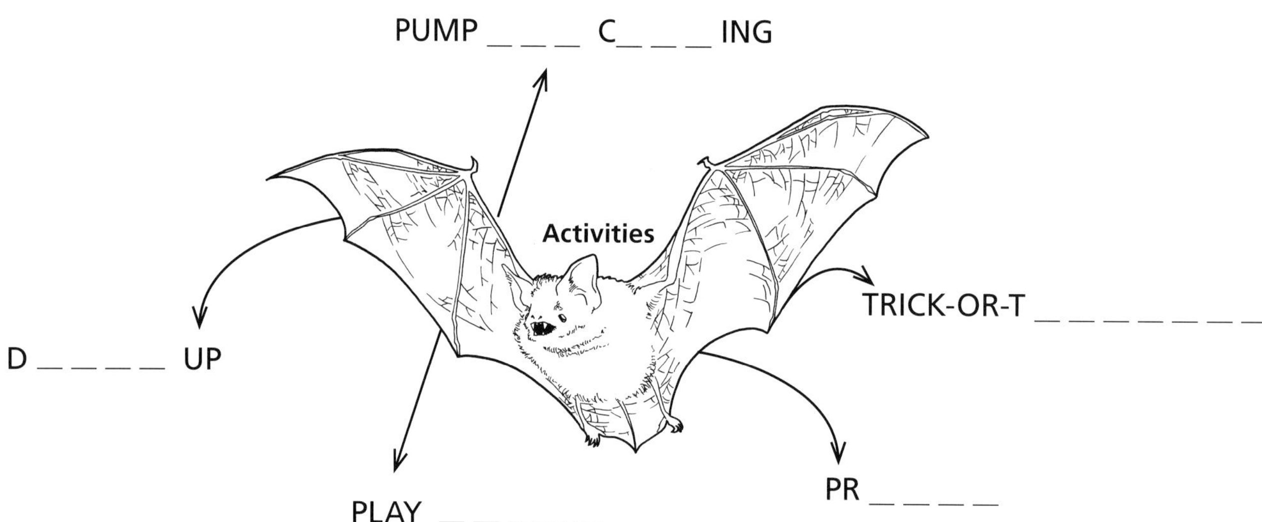

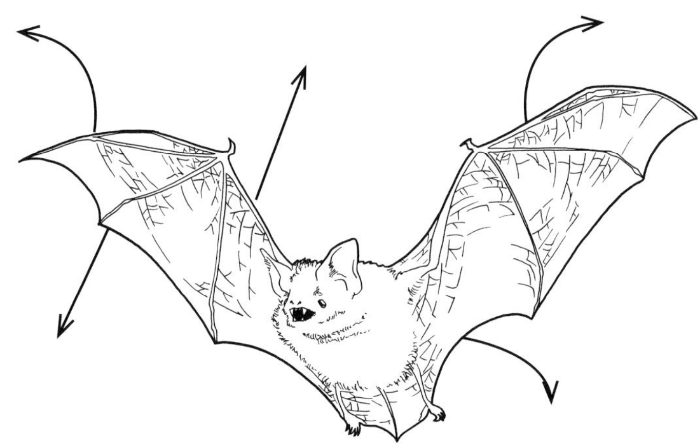

Illustrationen: © Magnus Siemens

Christmas around the world

Darum geht's

In dieser Unterrichtsstunde geht es sowohl um unterschiedliche Weihnachtsbräuche weltweit als auch um die veränderte Bedeutung des Weihnachtsfestes in westlichen Gesellschaften vor dem Hintergrund zunehmender Säkularisierung. Die Schüler setzen sich anhand von vier Beispielen aus aller Welt, wie man Weihnachten feiern kann, mit ihrem eigenen Verhältnis zu Feiertagen und deren Bedeutung für den familiären und/oder gesellschaftlichen Zusammenhalt auseinander.

Zielkompetenzen

Die Schüler …

- trainieren Sprechen, Hör- und Leseverstehen.
- erweitern ihre interkulturelle Kompetenz.
- trainieren ihr themenspezifisches Vokabular im Bereich *Christmas*.

Material

- Arbeitsblatt *What Christmas means to me* (S. 42)

Vorbereitung

Kopieren Sie das Arbeitsblatt *What Christmas means to me* im Klassensatz.

Stundenverlauf

Einstieg

ca. 5 Minuten

Fragen Sie die Klasse zum Einstieg, wer alles Weihnachten feiert, und lassen Sie einzelne Schüler berichten, wie sie dieses Fest begehen: *Do you get presents? Do you go to church? Do you have a Christmas tree? Did you believe in Father Christmas when you were younger?* Alternativ schreiben Sie als stummen Impuls *Christmas shopping* an die Tafel und warten Sie auf spontane Reaktionen. Leiten Sie anschließend zur Arbeitsphase über mit der Frage: *Do you know why people celebrate Christmas?*

Arbeitsphase

ca. 30 Minuten

Erfragen Sie das Vorwissen der Schüler zum Thema Weihnachten und sichern Sie die wichtigsten Punkte an der Tafel:

Christmas

- *religious and cultural festival*
- *celebrated on 24th or 25th December*
- *commemorates the birth of Jesus Christ*

Teilen Sie anschließend das Arbeitsblatt *What Christmas means to me* aus. Lassen Sie die Schüler die Texte zunächst in Einzelarbeit still durchlesen und anschließend mit verteilten Rollen vorlesen. Klären Sie Verständnisfragen nach jedem Abschnitt und geben Sie den Schülern Gelegenheit, die Aussagen zu kommentieren. Gehen Sie dabei gegebenenfalls auf einzelne Aspekte ein: *Lorena would like to have a puppy for Christmas. But should you really give someone a pet as a present? Can you imagine to sing Christmas carols under palm trees? Why does Chip celebrate Christmas even though he is no Christian? Guessing first before opening a present – how would your grandparents react if you did that? Do you share Kim's opinion: is there too much hype?* Geben Sie den Schülern ausreichend Zeit, um die Aufgabe zu bearbeiten, und fordern Sie sie anschließend auf, sich für einen Austausch nach der Kugellager-Methode aufzustellen: *Form a double circle. Partner A (outer circle) and partner B (inner circle) take turns to read out and discuss their statements. Only the students in the inner circle move. When you hear my signal, partner B moves on clockwise to the next partner A.* Nachdem die Schüler mit drei verschiedenen Partnern gesprochen haben, kehren sie an ihre Plätze zurück.

Abschluss

ca. 10 Minuten

Lassen Sie zwei, drei Schüler berichten, welche Meinung ihrer Mitschüler sie besonders überzeugt und warum. Fragen Sie die Schüler im Anschluss, ob sie dieses Jahr – angeregt durch die besprochenen Texte – Weihnachten anders feiern wollen als sonst.

What Christmas means to me

Lorena (14): In Germany, Christmas is a huge event and I'm excited for it a long time before December even starts. On 24th December, my grandparents always come to visit us and bring me and my sister a bunch of presents. In the afternoon, our whole family goes to church – mostly because of my grandma, who is very religious. My parents aren't, but she made sure me and my sister were both baptized. What I like most about Christmas is the food and the presents – this year, I'd really like to have a puppy. I hope I'll get it.

Chip (13): In Australia, Christmas is actually in summer. So instead of snow and ice, we get a lot of heat and celebrate under palm trees. Like in Britain, Australian Christmas is on the morning of the 25th December; and although me and my family are not Christian, we always celebrate it and give each other presents. I quite like the idea of coming together for such events. Our neighbours always throw a barbecue in the evening.

Robin (13): In Britain, there are a lot of Christmas traditions: from hanging a sock on the fireplace to eating mince pies, it is always a lot of fun. On Christmas eve, I am always very excited and can't sleep all night. In the morning, I run into the living room to look at the presents. Unwrapping them is a ceremony in itself – in my family, everyone has to guess first what's in a present before we look inside it. My mum cooks our lunch on Christmas Day – turkey, roast potatoes and Brussels sprouts.

Kim (13): In my family, Christmas is mostly a religious holiday. On Christmas Day, we go to mass – sometimes even two times, because my grandparents visit us from the West Coast and always insist on going to church with us here in New York. I think it is an important holiday, but I don't really like the hype around it – most of my friends just celebrate because of the presents. We don't buy presents for our parents, but instead make small presents for them ourselves. Last year, I gifted them a hand-drawn picture. I also love Christmas songs; it's a pity you can only sing them during that time of the year.

Tasks:

1. **Read what young people around the world think about Christmas.**
2. **Do you think it is important to celebrate Christmas? Why (not)?**
   Write 2–3 sentences. Give reasons for your opinion.

....

....

....

....

....

....

  ISBN 978-3-8346-4219-6 | www.verlagruhr.de

Adventure, travel and challenges
(Klasse 6)

Sligo

Darum geht's

Die Schüler erkunden die irische Stadt Sligo, die sich in der Nähe der Grenze zu Nordirland befindet. Sie orientieren sich mithilfe eines Stadtplans, geben Richtungsanweisungen und lernen einige Besonderheiten der Region kennen.

Zielkompetenzen

Die Schüler …
- trainieren Sprechen und Hörverstehen.
- trainieren das Vokabular für Weg- und Bildbeschreibungen.
- erweitern ihre interkulturelle Kompetenz.

Material

- Folienvorlage *Ireland* (S. 45), OHP, Folie
- Arbeitsblatt *A tour of Sligo* (S. 46)
- Videoclip zu Sligo (z. B. www.youtube.com/watch?v=D4_Zwh0rTds) und Abspielgerät

Vorbereitung

Kopieren Sie die Vorlage *Ireland* einmal auf Folie. Kopieren Sie das Arbeitsblatt *A tour of Sligo* im Klassensatz. Sichern Sie einen kurzen Videoclip zu Sligo, den Sie vorspielen können.

Stundenverlauf

Einstieg

ca. 10 Minuten

Werfen Sie mit Ihren Schülern einen gemeinsamen Blick auf die Irlandkarte. Wiederholen Sie dabei die Himmelsrichtungen und sichern Sie die wichtigsten Fakten an der Tafel. Fragen Sie nach Städten; thematisieren Sie hierbei den Unterschied zwischen *north (south …) of* und *in the north (south …) of.*

Looking at a map of Ireland
- *Dublin is the capital of Ireland.*
- *Dublin is in the east of the island.*
- *Northern Ireland is a different country.*
- *Belfast is the capital of Northern Ireland.*
- *Belfast is in the northeast of the island and north of Dublin.*

Leiten Sie anschließend mit der Frage nach Sligo zur Arbeitsphase über: *Who can find Sligo on the map?*

Arbeitsphase

ca. 25 Minuten

Zeigen Sie zum Einstieg einen kurzen Videoclip über Sligo und fragen Sie die Schüler nach ihren Eindrücken: *From what you see – do you think you would like to live in Sligo? Why (not)?* Teilen Sie anschließend das Arbeitsblatt *A tour of Sligo* an alle Schüler aus. Lesen Sie gemeinsam den Infotext und lassen Sie die Schüler zunächst die Bilder nach dem bekannten Verfahren beschreiben *(in the foreground/background, on the left/right, at the top/bottom, in the middle …).* Danach schreiben die Schüler in Partnerarbeit kurze Dialoge mithilfe der Karte: *Imagine you have just moved to Sligo. Use the map to have a look around and write a dialogue with your partner.*

Abschluss

ca. 10 Minuten

Lassen Sie zwei Schülerpaare ihre Wegbeschreibungen vorstellen, ohne jedoch Startpunkt und Ziel zu nennen. Die übrigen Schüler versuchen währenddessen, den Weg auf der Karte nachzuvollziehen und Start und Ziel herauszufinden.

Ireland

NORTHERN IRELAND
Lifford
Donegal
Belfast
Sligo
Monaghan
Castlebar
Drogheda
North Atlantic Ocean
IRELAND
Dublin
Irish Sea
Galway
Tullamore
Shannon
Aran Islands
Wicklow
Arklow
Barrow
Shannon
Limerick
New Ross
Siur
Waterford
Killorglin
Killarney
Cork
Celtic Sea

A tour of Sligo

Sligo is a small town in the northwest of Ireland. It is on the coast at the end of a bay. It is beside a lake (Lough Gill) and has a river (Garavogue). There are beaches (Strandhill and Rosses Point), mountains (Knockanerea and Benbulben) and forests (Doorly Park), all near the town.

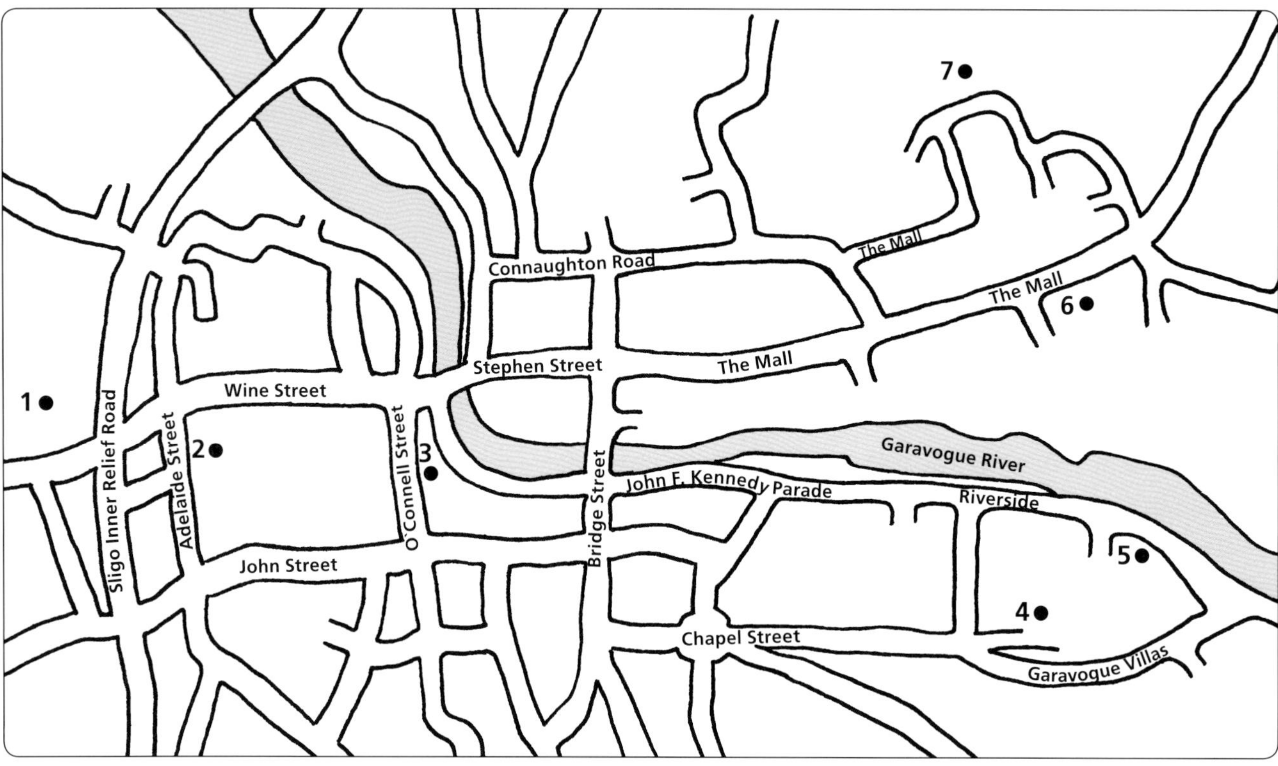

1: Train Station, **2:** Gaiety Cinema, **3:** Liber Bookstore, **4:** Sligo Fire Station, **5:** Sligo City Council, **6:** Sligo Grammar School, **7:** Sligo University Hospital

Task:
There is a lot to see in Sligo. You can get there by car, by bus or by train.
It is very easy in Sligo town to walk from place to place. Use the map to get around.
Write a dialogue with your partner:

A: Excuse me, how do I get from … to …?
B:
- turn left (onto … street)
- turn right (onto … street)
- go straight on
- go by the …
- go along the river/… street

© golubovystock – Shutterstock.com

© alexilena – Shutterstock.com

© Niall F – Shutterstock.com

  ISBN 978-3-8346-4219-6 | www.verlagruhr.de

A night at the department store

Darum geht's

Nachts allein im Kaufhaus – für viele ist das ein Traum. In dieser Unterrichtsstunde sind alle Regeln aufgehoben und die Schüler haben (zumindest in Gedanken) Gelegenheit, fernab vom täglichen Einkaufstrubel ungestört auf Erkundungstour zu gehen. Mithilfe eines *crib sheets* berichten sich die Schüler dann gegenseitig von ihren gedanklichen Erlebnissen.

Zielkompetenzen

Die Schüler …
- trainieren Sprechen und Hörverstehen.
- erstellen ein *crib sheet.*
- trainieren den Umgang mit einem Wörterbuch.
- wiederholen und üben die Verwendung des *past tense.*

Material

- zweisprachiges Wörterbuch im Klassensatz
- DIN-A4-Blätter im Klassensatz

Vorbereitung

Stellen Sie sicher, dass ausreichend Wörterbücher für alle Schüler und weißes Papier für die *crib sheets* zu Verfügung stehen.

Stundenverlauf

Einstieg

ca. 10 Minuten
Laden Sie die Schüler zu einer Traumreise ein: *Imagine you didn't notice when your favourite department store closed and were locked in. You forgot your mobile at home, so you cannot even phone anyone and know: You are stuck here all night anyway, so you could just as well have some fun. What would you do first?*
Halten Sie Vorschläge stichwortartig an der Tafel fest.

If I were alone at the department store, I would
- *eat chocolate at the food department*
- *play games at the electronics department*
- *jump up and down on the sofa of the furniture department*
- *read all night at the book department*

Nehmen Sie eine Vokabelrückfrage zum Anlass, die Schüler im Wörterbuch danach suchen zu lassen, und leiten Sie dann zur Arbeitsphase über.

Arbeitsphase

ca. 25 Minuten
Teilen Sie die DIN-A4-Blätter an alle Schüler aus und erklären Sie den Arbeitsauftrag: *So you have a lot of ideas already, which is good. Choose a department you want to explore – for example clothing, furniture, toys, food, stationery, books … Make notes with a crib sheet so you can tell your friends and family about your adventure later.* (Erklären Sie, falls nötig, den Begriff *crib sheet: A crib sheet is like a cheat sheet. It is a mix of words, pictures and symbols that help you to remember everything you want to say.) Use your dictionaries to look up unknown words.*
Anschließend tauschen die Schüler sich mit zwei Partnern aus: *Make appointments with two different partners. Tell each other about your night at the department store. Talk for one minute each. Keep in mind to use the past tense.*

Wörterbücher: Online oder Papier?
Statt mit herkömmlichen Wörterbüchern kann auch mit Online-Versionen im Unterricht gearbeitet werden, wenn für alle Schüler Geräte verfügbar sind.

Abschluss

ca. 10 Minuten
Fordern Sie zwei bis drei Schüler dazu auf, vorzulesen, was sie auf ihren *crib sheets* notiert haben und fragen Sie nach, ob sie diese Art zu arbeiten hilfreich fanden.

Save the rainforest

Darum geht's

Die zentrale Bedeutung der Regenwälder für den Umweltschutz steht im Zentrum dieser Unterrichtsstunde, in der die Schüler sich insbesondere mit digitaler Recherche und der Auswertung von Ergebnissen vertraut machen.

Zielkompetenzen

Die Schüler …
- trainieren Leseverstehen.
- recherchieren im Internet und entnehmen verschiedenen Quellen in der Zielsprache Sachinformationen zu Geografie, Flora und Fauna.
- ordnen Informationen zum Thema Regenwald übersichtlich in einem Schaubild an.

Material

- Arbeitsblatt *Save the rainforest* (S. 49)
- Lösungsblatt *Save the rainforest* (S. 50)
- Folienvorlage *Vocabulary aids* (S. 51), OHP, Folie
- PC, Tablet oder Laptops mit Internetanschluss
- ein Fairtrade-Produkt aus dem Regenwald (z. B. Banane oder Schokoladenriegel)

Vorbereitung

Kopieren Sie das Arbeitsblatt *Save the rainforest* im Klassensatz sowie einmal den Lösungsteil. Legen Sie Letzteren auf dem Lehrerpult bereit, damit er von den Schülern nach Bearbeiten der Aufgabe eingesehen werden kann. Kopieren Sie die *Vocabulary aids* auf Folie. Stellen Sie sicher, dass alle Schüler Zugang zu Geräten für die Internetrecherche in Einzelarbeit haben.

Stundenverlauf

Einstieg

ca. 5 Minuten

Halten Sie zum Einstieg ein fair gehandeltes Produkt, das aus dem Regenwald stammt, hoch, und erfragen Sie das Vorwissen der Schüler: *This banana (bar of chocolate) comes from a rainforest region. It has a fair trade label and usually costs a bit more than other products. But why would people choose something that costs more?* Nehmen Sie gegebenenfalls als Starthilfe Bezug auf z. B. fair gehandelte Produkte in der Caféteria Ihrer Schule oder Aktionen rund um das Thema *fair trade* in Ihrer Stadt und lassen Sie die Schüler von eigenen Erfahrungen berichten. Halten Sie als Arbeitsthese fest, dass Engagement für den Regenwald damit beginnt, sich gründlich darüber zu informieren: *So if you want to help protect the rainforest, it is important to know what makes it so special and why we need it.*

Arbeitsphase

ca. 35 Minuten

Teilen Sie das Arbeitsblatt *Save the rainforest* an alle Schüler aus und gehen Sie mit ihnen gemeinsam den Text und die Aufgabenstellung durch. Legen Sie dazu die Folie mit den *Vocabulary aids* auf. Fordern Sie die Schüler in einem ersten Schritt auf, sich allein oder in Partnerarbeit zu überlegen, wo sie mit ihren Recherchen beginnen und welche Begriffskombinationen für die Online-Suche sinnvoll sein könnten. Geben Sie den Schülern Gelegenheit, sich in der Klasse kurz über ihre Ideen auszutauschen, und lassen Sie sie anschließend Aufgabe 1 bearbeiten. Sobald diese erledigt ist, teilen Sie die Klasse in 3er-Gruppen ein, in denen die Aufgaben 2 und 3 bearbeitet werden. Am Ende der Arbeitsphase können sie ihre Ergebnisse mit dem Lösungsblatt vergleichen und ergänzen.

Abschluss

ca. 5 Minuten

Lassen Sie die Schüler zum Abschluss reflektieren, warum Vielfalt von so großer Bedeutung ist: *Why is diversity so important? What would happen, if there were no more giant trees, for example?* (Mögliche Antwort: *Some animals/other plants might disappear too.)*

Save the rainforest

Rainforests grow in tropical vegetation zones near the equator (Southeast Asia, Africa, South America, Australia and the Pacific Islands) where rain falls every day. Because of their special climate, rainforests are home to a multitude of animals and plants. However, all of them are threatened by rapid deforestation, which often results in their extinction. The loss of the rainforests has a global impact as well since they produce more than 20 percent (or one fifth) of the world's oxygen supply.

Tasks:

1. **Log on the internet to do some research. Match the layers from the box with the right numbers (1–3) and label the chart accordingly.**
2. **Form groups of three. Each of you is responsible for one of the layers. Choose different colours (1 yellow, 2 orange, 3 green) to underline the term for your layer and all plants and animals that can be found in it.**
3. **Compare your results, complete your notes in the chart and ask your teacher for the solutions.**

LAYER: forest floor – emergent layer – canopy layer
PLANTS: ferns – giant trees (evergreen, 45 to 80 metres) – fungi – seedlings – trees (30 to 45 metres high) – epiphytic plants
ANIMALS: eagles – anteaters – monkeys (2x) – tree frogs – insects – snakes (2x) – jaguars (2x) – leopards – birds – butterflies – toucans – lizards – bats

---

Layers of the rainforest

© Astrid Wilkesmann

1	2	3 ....
plants:	plants:	plants: ....
....	....	....
animals:	animals:	animals: ....
....	....	....

Save the rainforest

1 forest floor

plants: ferns, fungi, seedlings

animals: anteaters, insects, jaguars, snakes

2 canopy layer

plants: trees (30 to 45 metres high), epiphytic plants

animals: monkeys, tree frogs, snakes, jaguars, leopards, birds, toucans, lizards

3 emergent layer

plants: giant trees (evergreen, 45 to 80 metres)

animals: eagles, monkeys, bats, butterflies

Vocabulary aids

© Federico.Crovetto – Shutterstock.com

multitude – Vielzahl

rapid – quick, fast

deforestation – Abholzung

oxygen – Sauerstoff

extinction – Aussterben

supply – Versorgung

fern – Farn

fungi – Pilze

anteater – Ameisenbär

lizard – Eidechse

epiphytic plant – eine Pflanze, die auf der Oberfläche einer anderen Pflanze wächst und Feuchtigkeit und Nährstoffe aus der sie umgebenden Luft bezieht, z. B. Moos

evergreen – immergrün

seedling – Jungpflanze, Keimling, Setzling

© Rosa Jay – Shutterstock.com

My dream job

Darum geht's

In dieser Stunde dreht sich alles um die Erwerbstätigkeit. Dabei trainieren die Schüler nicht nur das themenspezifische Vokabular, sondern es geht außerdem darum, den Schülern eine Vorstellung von bestimmten Berufsbildern und ihrer Bedeutung für den gesellschaftlichen Zusammenhalt zu vermitteln. Des Weiteren stehen die konkreten Interessen, individuellen Vorlieben und spezifischen Talente der Schüler im Fokus, die sie in ihr Konzept für den „Job fürs Leben" mit einbeziehen.

Zielkompetenzen

Die Schüler …
- trainieren Sprechen, Hör- und Leseverstehen.
- entnehmen Sachtexten Informationen.
- machen sich Gedanken über die eigenen Stärken und Fähigkeiten.

Material

- Arbeitsblatt *Job profiles* (S. 53)
- Arbeitsblatt *My dream job* (S. 54)

Vorbereitung

Kopieren Sie die Arbeitsblätter *Job profiles* und *My dream job* als doppelseitige Kopie im Klassensatz. Schreiben Sie die Lösungen für die *Job profiles* auf die Rückseite der Tafel, sodass sie von den Schülern noch nicht eingesehen werden können, oder legen Sie einen Zettel mit den Lösungen zur Einsicht am Lehrerpult bereit *(Job titles/numbers: pilot/1, artist/2, electrical engineer/3, translator/interpreter/4, nurse/5, journalist/6, therapist/additional job title).*

Stundenverlauf

Einstieg

ca. 5 Minuten

Beginnen Sie die Stunde mit der Frage nach den beruflichen Zukunftsplänen der Schüler und lassen Sie alle, die bereits eine Vorstellung haben und darüber reden möchten, einen kurzen mündlichen Beitrag formulieren. Sollte sich kein Gespräch in Gang bringen lassen, können Sie auch nach der beruflichen Tätigkeit der Eltern fragen: *Would you like to do your mother's or father's job? Why/why not?* Teilen Sie anschließend die beidseitige Kopie der Arbeitsblätter *Job profiles* und *My dream job* aus und leiten Sie zur Arbeitsphase über: *Now let's see whether you are ready for business already …*

Arbeitsphase

ca. 25 Minuten

Lassen Sie die Schüler zunächst das Arbeitsblatt *Job profiles* bearbeiten und ihre Ergebnisse mit dem Tafelanschrieb oder dem Lösungsblatt auf dem Lehrerpult vergleichen. Wer fertig ist, kann bereits mit dem Ausfüllen der Tabelle auf dem Arbeitsblatt *My dream job* beginnen. Bei Schülern mit sehr viel langsamerem Arbeitstempo kann gegebenenfalls hierauf verzichtet werden. Sobald alle zumindest mit *Job profiles* fertig sind, besprechen Sie die einzelnen Berufe und ermuntern Sie die Schüler zu einer Erläuterung des überzähligen Begriffs: *Does anyone know what a therapist does?/Who knows what a therapist is?* Wenn das geklärt ist, fragen Sie die Schüler, welchen der aufgeführten sechs Berufe sie sich am ehesten auszuüben vorstellen könnten, und fordern Sie eine Begründung: *What skills or character traits do you have so you think you might make a good pilot/nurse/engineer …?* Anschließend tauschen die Schüler sich über ihre auf dem Arbeitsblatt *My dream job* notierten Berufswünsche mit einem Partner aus und notieren ihre eigenen sowie die Vorstellungen des Partners stichwortartig auf dem Arbeitsblatt. Diese Notizen bringen sie dann in die Abschlussdiskussion ein.

Abschluss

ca. 15 Minuten

Lassen Sie die Schüler zum Abschluss diskutieren, was eigentlich einen „idealen Job" ausmacht: *So what makes a job that is quite okay a dream job for you? What is most important for you (good salary, helping others, doing something you are good at, something you really want to do …)?*

Job profiles

Task:
Find the right job title for each profile. There is one more job title than you need.

Job titles: translator/interpreter – artist – journalist – electrical engineer – nurse – therapist – pilot

Job title 1:	Job title 2:
As a ***, you'll fly passengers to their holiday *destinations* or people on *business trips*. Sometimes you'll only fly cargo. Usually there are two ***; one captain and one supporting first officer. As a ***, you carry a lot of responsibility and need strong nerves. **Vocabulary aids:** *destination* – Ziel, *business trip* – Geschäftsreise	As a professional ***, you do not need *to obtain a degree*, although it is quite common for *prospective* *** to study a subject related to this profession in order to improve their skills. *** work *in a wide array of jobs*, including illustration, design and fashion. **Vocabulary aids:** *to obtain a degree* – einen Abschluss machen, *prospective* – zukünftig, *in a wide array of jobs* – in vielen Berufsfeldern
Job title 3:	**Job title 4:**
As an ***, you will be responsible for the construction, development, manufacturing and assembling of electrical systems and their individual components. *** work in a variety of fields, for example *maintenance*, transportation, power distribution and the building sector. *** usually have an engineering *degree*. **Vocabulary aids:** *maintenance* – Instandhaltung, *degree* – (akademischer) Abschluss	As a ***, it is usually *required* that you speak at least two languages fluently. A large number of *** either grew up *bilingual* or have studied at least one language at university. *** can be employed by *courthouses*, the police, *publishing houses*, news agencies etc. **Vocabulary aids:** *to be required* – erforderlich sein, *bilingual* – zweisprachig, *courthouses* – Gerichte, *publishing houses* – Verlage
Job title 5:	**Job title 6:**
In order to become a ***, you'll have to obtain a degree in the relevant *course of study*. As a ***, you will mainly work in hospitals or medical centres. Part of a ***'s responsibilities may be looking after elderly people, young children or mentally ill people. **Vocabulary aids:** *course of study* – Studiengang	As a ***, you can work on nearly every level nationally or internationally, including newspapers, news agencies and TV. You don't need any *specific formal training* to become a ***. **Vocabulary aids:** *specific formal training* – eine bestimmte Ausbildung

My dream job

My skills/talents	My interests	My personality
◎ I'm good at maths ◎ …	◎ basketball	◎ …

What I would like to do later:

....

....

....

....

....

What my partner would like to do later:

....

....

....

....

....

  ISBN 978-3-8346-4219-6 | www.verlagruhr.de

Secret agents, spies, private investigators

Darum geht's

In dieser Stunde dreht sich alles um Profi-Schnüffler, zu deren „Rüstzeug" u. a. Neugier zählt. Die Schüler setzen sich zunächst mit den vielen Facetten des Begriffs *curiosity* auseinander. Anschließend erstellen sie auf Grundlage ihres Vorwissens und unter Einbindung des in der Stunde gelernten bzw. gefestigten Vokabulars zum Thema *soft skills* ein Persönlichkeits- und Tätigkeitsprofil für *agents, spies*
und *private investigators.*

Zielkompetenzen

Die Schüler …

- trainieren Sprechen, Hörverstehen und Schreiben.
- setzen sich intensiv mit Charaktereigenschaften auseinander.
- wiederholen, festigen und erweitern ihr Vokabular im Bereich *soft skills*.

Material

- Arbeitsblatt *All spies? – Different types of investigative jobs* (S. 57/58)
- Arbeitsblatt *Topic-specific vocabulary: soft skills* (S. 59)

Vorbereitung

Kopieren Sie die Arbeitsblätter *All spies? – Different types of investigative jobs* und *Topic-specific vocabulary: soft skills* jeweils im Klassensatz.

Stundenverlauf

Einstieg

ca. 5 Minuten

Der Einstieg erfolgt über eine Mindmap. Schreiben Sie *curious people* als zentralen Begriff an die Tafel und bereiten Sie drei Äste vor *(what they are, what they want, what they do)*. Fordern Sie die Schüler der Reihe nach auf, folgenden Satzanfang mündlich fortzusetzen: *A curious person is someone who …* Halten Sie die Antworten stichwortartig fest:

what they are: *nosy, interested, investigative, probably bored or lonely, teachers, secret agents …*

what they want: *find out about secrets, know about everything that is going on …*

what they do: *spy on people, nose around, trick people to get information*

Leiten Sie anschließend wie folgt auf die Arbeitsphase über: *So being curious has its good and bad aspects, it seems. We don't like it when others want to know too much about us, but we are quite happy to find out about their secrets. There are even some jobs where it is useful to be a curious person.*

Arbeitsphase

ca. 30 Minuten

Teilen Sie allen Schülern das Arbeitsblatt *All spies? – Different types of investigative jobs* aus und teilen Sie die Schüler in Paare ein. Geben Sie ihnen etwas Zeit, um arbeitsteilig die Texte A *(Secret agents)* und B *(Private investigators)* zu lesen. Klären Sie gegebenenfalls unbekannte Vokabeln, bevor die Schüler die erste Aufgabe in Partnerarbeit lösen. Lassen Sie mehrere Schüler zeitgleich ihre Begründungen für die Zuordnung der Beispiele 1–6 an die Tafel schreiben. Ergänzen und korrigieren Sie diese im Plenum, sodass sie von allen in die Hefte übernommen werden können.

Cases for

secret agents	*private investigators*
1, 4, 6	*2, 3, 5*

Example 1 is a case for a secret agent since Mr X works for a government.

Example 2 is a case for a private investigator because an argument between husband and wife is something personal.

Example 3 is …

Leiten Sie nun zur nächsten Arbeitsphase über mit Fragen wie: *Do you need a university degree to be a secret agent or a spy? What do you have to be good at?* Lenken Sie die Aufmerksamkeit der Schüler vor allem auf *soft skills*, indem Sie einige Antworten, die in diesen Bereich fallen, stichwortartig an der Tafel sammeln und den Begriff anschließend im Unterrichtsgespräch definieren *(nothing you can learn at school or university/a combination of social, personal and emotional skills and character traits)*. Verteilen Sie nun (wenn noch ausreichend Zeit bleibt) das Arbeitsblatt *Topic-specific vocabulary: soft skills* an die Schüler und lassen Sie sie in Einzelarbeit ein paar Minuten lang so viele *soft skills* wie möglich eintragen. Ergänzen Sie anschließend das Tafelbild um für Agenten wichtige Eigenschaften. Alternativ lassen Sie die Schüler direkt mit der Bearbeitung von Aufgabe 2 auf dem Arbeitsblatt beginnen. Wenn auf die Abc-Liste verzichtet wird, kann das Tafelbild nach dem Vorlesen einiger Lösungen ergänzt werden.

Soft skills: Secret agents should be ...
- polite, respectful, discrete
- organized, reliable, punctual
- communicative, attentive, alert
- always ready to take action, flexible
- able to keep a secret

Abschluss

ca. 10 Minuten

Geben Sie den Schülern 5 Minuten Zeit, um folgende Frage schriftlich zu beantworten: *Is the job of a spy something for you? Why/Why not?*
Zum Abschluss stellen zwei bis drei Schüler ihre Texte vor. Alternativ kann diese Aufgabe auch als Hausaufgabe gegeben werden.

All spies? – Different types of investigative jobs (1/2)

◎ TEXT A: Secret agents

"My name is Bond, James Bond" – this is how the world's probably most famous secret agent "007" introduces himself at least once in every James Bond movie. James Bond is a *fictitious* character, but the United Kingdom's secret service he works for really exists. Secret service (or intelligence service) agents collect information on other countries' military, industrial and political secrets. *Gathering* information which is *publicly available* from open sources like newspaper articles or facebook posts is a daily routine activity. For non-public information, a covert operation is often necessary. While spying on others, secret agents are sometimes also trying to *prevent damage* from their own country.

© imagineerinx – Shutterstock.com

Vocabulary aids:
fictitious – fictional, not real
(to) gather – (to) collect
publicly available – öffentlich zugänglich
prevent damage – Schaden abwenden

◎ TEXT B: Private investigators

Have you ever heard of Sherlock Holmes? The stories of Sir Arthur Conan Doyle's fictional *ingenious* private investigator are set in the London of the 19th and early 20th century. Sherlock Holmes only *took cases* if they meant a real challenge for him. In real life, private investigators (or private detectives) often cannot be so picky. Their clients are usually individuals who want to find out if their partner cheats on them or bosses who suspect their employees of stealing. Private investigators often spend hours waiting in a car observing the *target subject*, hoping to get photographic *evidence*, or in front of the computer retrieving data from open sources. They have no more rights than any other ordinary citizen and they are not allowed to carry *firearms*.

Vocabulary aids:
ingenious – extremely clever, brilliant
(to) take a case – einen Fall übernehmen
target subject – Zielperson
evidence – proof
firearms – Schusswaffen

© Lulu877 – Shutterstock.com

All spies? – Different types of investigative jobs (2/2)

Tasks:

1. **Work with a partner. Decide for each of the examples whether they are a case for a secret agent (A) or a private investigator (B) and tick the box. Give reasons for your choice.**

		A	B
1	The president asks Mr X to take photos of a secret meeting.		
Reason			
2	Mrs Smith thinks that her husband is having an affair. She wants to find out.		
Reason			
3	A shoe shop owner notices that every Friday lots of shoes get stolen.		
Reason			
4	Hackers broke into the computer system of a country's ministry of defence.		
Reason			
5	Paul calls in sick. But his boss saw him drinking beer at a pub earlier that day.		
Reason			
6	Somebody threatened to poison the food of the prime minister.		
Reason			

2. **Write down in one sentence which soft skills are the most important ones for a spy.**

....

....

....

....

....

....

....

Topic-specific vocabulary: soft skills

A ....

B ....

C ....

D ....

E ....

F ....

G ....

H ....

I ....

J ....

K ....

L ....

M ....

N ....

O ....

P ....

Q ....

R ....

S ....

T ....

U ....

V ....

W ....

X ....

Y ....

Z ....

Beware of pickpockets

Darum geht's

An Bahnhöfen oder bei Großveranstaltungen wird oft per Lautsprecherdurchsage vor Taschendieben gewarnt und auch die Polizei gibt Tipps, wie man sich vor Langfingern schützt. In dieser Unterrichtsstunde befassen sich die Schüler mit Ratschlägen zu diesem Thema, geben selbst Tipps, wie man seine Wertgegenstände schützen kann, und spielen die erarbeiteten Vorschläge in Rollenspielen vor.

Zielkompetenzen

Die Schüler …
- trainieren Sprechen, Hör- und Leseverstehen.
- erarbeiten und trainieren themenspezifisches Vokabular im Bereich *security* und *giving advice.*

Material

- Arbeitsblatt *Beware of pickpockets!* (S. 61)
- Arbeitsblatt *Just a trick?* (S. 62)

Vorbereitung

Kopieren Sie die Arbeitsblätter *Beware of pickpockets!* und *Just a trick?* jeweils im Klassensatz.

Stundenverlauf

Einstieg

ca. 5 Minuten
Beginnen Sie die Stunde mit einer Impulsfrage, um die Aufmerksamkeit der Klasse zu bekommen: *Could you give me some advice, please? I really don't know what to do …* Führen Sie dann Ihr „Problem" näher aus. Erklären Sie, dass Sie später noch auf dem Wochenmarkt einkaufen gehen wollen und überlegen, wo Sie Ihre Geldbörse unterbringen sollen, weil dort immer so ein Gedränge herrscht. Beenden Sie Ihre Ausführungen mit der Frage: *What would you advise me to do? Should I put it in my basket?* Schreiben Sie die nachfolgenden Satzanfänge eher beiläufig als Redehilfen an die Tafel und weisen Sie auf die unterschiedliche Schreibweise von *advice/advise* hin.

My advice for you is to …
I would advise you (not) to …

Sobald das Gespräch auf möglichen Diebstahl kommt, stellen Sie die Frage *Have you ever been robbed?* und lassen Sie diese von den Schülern mit einer *short answer (Yes, I have/No, I haven't)* beantworten. Geben Sie zwei oder drei Schülern die Möglichkeit, ihre Erlebnisse kurz etwas genauer auszuführen, wenn diese dazu bereit sind. Leiten Sie zur Arbeitsphase über und teilen Sie das Arbeitsblatt *Beware of pickpockets!* aus.

Arbeitsphase

ca. 30 Minuten
Lesen Sie das Arbeitsblatt gemeinsam bis zur Aufgabe 1 und klären Sie eventuelle Verständnisfragen. Wenden Sie sich dann den Ratschlägen auf dem Arbeitsblatt Schritt für Schritt zu und fragen Sie z. B. nach, welcher für die Schüler am wichtigsten ist. Lassen Sie die Schüler weitere Ratschläge gemäß der Aufgabenstellung formulieren und sichern Sie die Antworten an der Tafel. Leiten Sie anschließend zum Rollenspiel über, indem Sie den Rest des Arbeitsblattes gemeinsam lesen. Teilen Sie die Schüler in 5er-Gruppen ein. Geben Sie den Gruppen kurz Zeit, um Ideen für ihre Szene zu entwickeln, und gehen Sie dann zwischen den einzelnen Gruppen hin und her, während die Schüler in ihren Rollen agieren. Geben Sie gegebenenfalls Hinweise, wenn zu wenig (Englisch) gesprochen wird.

Abschluss

ca. 10 Minuten
Lassen Sie die Schüler im Plenum ihre Erlebnisse im Rollenspiel reflektieren. Welcher Ratschlag hat gut funktioniert, welcher war weniger hilfreich? Teilen Sie zum Abschluss das Arbeitsblatt *Just a trick?* aus, lesen Sie gemeinsam den Text durch und klären Sie Verständnisfragen. Die Schüler bearbeiten es dann als vertiefende Hausaufgabe.

Beware of pickpockets!

A *pickpocket* is a thief who uses *confusion* and *compassion* to *distract* people so they don't notice when their money or *valuables* get stolen. Despite police warnings like *Caution! Thieves are operating in this area,* many people *get mugged* every day.

***Here is some* advice *for you on how to* prevent pickpocketing:**

- Do not put anything in your back pocket. If you think *I would feel if someone tried to pull my wallet or mobile out of it*, have a second thought.
- Keep an extra eye on your *belongings* when you are in a crowded place like the platform of a train station or on the subway. Pickpockets often work in groups. While some of them distract you, another one *snatches* from your pocket whatever is in there.
- If you get scared, talk to the police. Immediately. They are there to help you.
- When somebody shouts *Catch the thief! Somebody stole my wallet!*, don't check for your wallet. This might just be a trick so the pickpockets who are around can see exactly where people have their belongings.
- Carry your bag with the *flap* against your body.
- Wear a money belt under your clothing and leave your valuables at home.

Tasks:

1. **Can you give more advice? What do you do to protect your wallet or your phone?**
2. **The best *precaution* against thieves is to think like one. Form groups of five (two tourists and three pickpockets). Imagine you are on a busy platform at the train station.**

   Tourists: You have money and valuables in every pocket. Watch out for pickpockets who are waiting for a chance to mug you.

   Pickpockets: Think of a way to distract the tourists. Ask them for directions or help, surround them, try to confuse them.

   Act out the scene.

Vocabulary aids:

pickpocket – Taschendieb
confusion – Verwirrung
compassion – Mitleid
to distract – ablenken
valuables – Wertsachen
caution – Vorsicht
thieves are operating in this area – sinngemäß: hier/in dieser Gegend sind Diebe unterwegs
to get mugged (auch: to get robbed) – bestohlen werden, ausgeraubt werden
to give someone advice – jemandem einen Rat/ Ratschläge geben
to prevent – verhindern
pickpocketing – Taschendiebstahl
belongings – persönliche Sachen
to snatch – schnappen
flap – Lasche
to take precautions – Vorkehrungen treffen

Just a trick?

Some experts *advise*: When someone asks you for directions, keep an extra eye on your bag. And if somebody offers you help with your luggage, say no – they might be criminals trying to mug you!
It's always good to be attentive – but isn't that a bit too *suspicious*? Maybe someone really needs help or just wants to be friendly. What do you think?

Vocabulary aids:
to advise someone – jemandem einen Rat/Ratschläge geben
suspicious – misstrauisch

Task:
Write a short statement and give reasons for your opinion.

....

....

....

....

....

....

....

....

....

....

Useful vocabulary:
- In my opinion …
- I/some people think that …
- On the one hand … on the other hand …
- to stay open-minded (unvoreingenommen, vorurteilslos bleiben)
- to assume the worst (das Schlimmste befürchten)

© FreedomFix – Shutterstock.com

Personality

(Klasse 6 und 7)

Emergencies

Darum geht's

In dieser Stunde geht es um schnelle Hilfe bei Notfällen: Was ist zu tun, wenn ein Feuer ausbricht, man bestohlen wurde oder ein Krankenwagen gerufen werden muss? Welche Informationen muss ich parat haben? Die Schüler spielen das Erarbeitete unter Einbeziehung der W-Fragen in einem Telefongespräch nach.

Zielkompetenzen

Die Schüler …

- trainieren Sprechen, Hör- und Leseverstehen mit Fokus auf die W-Fragen.
- erarbeiten und trainieren themenspezifisches Vokabular im Bereich *emergencies*.
- erweitern ihre Handlungskompetenz im Alltag.

Material

- Arbeitsblatt *Emergency or not?* (S. 65)
- Materialblatt *In case of emergency, please call …* (S. 66)

Vorbereitung

Erstellen Sie aus den Vorlagen *Emergency or not?* und *In case of emergency, please call …* beidseitige Kopien im Klassensatz.

Stundenverlauf

Einstieg

ca. 5 Minuten

Semantisieren Sie zum Einstieg den Begriff *emergency*. Knüpfen Sie an mögliches Vorwissen der Schüler an und beschreiben Sie entsprechende Szenarien *(Somebody got injured and is bleeding. He needs help urgently and has to be taken to hospital as fast as possible.)* Leiten Sie zur Arbeitsphase über mit der Feststellung: *But not everything that we cannot solve alone is an emergency.*

Arbeitsphase

ca. 35 Minuten

Teilen Sie die Arbeitsblätter aus und fordern Sie die Schüler auf, sich zunächst mit der Seite *Emergency or not?* zu befassen. Klären Sie mögliche Verständnisfragen und besprechen Sie die Lösungen anschließend im Plenum. Beispiele für *emergencies* sind die Nummern 1 *(police/ambulance)*, 3 *(firefighters)*, 4 *(ambulance)*, 5 *(police)*, 8 *(ambulance, rescue workers)*, 9 *(police)*, 10 *(firefighters/police)*. Fragen Sie die Schüler, welche Nummer sie wählen würden, und lesen Sie anschließend gemeinsam den Text auf dem Materialblatt *In case of emergency, please call …*

> ***European 112 Day* an Ihrer Schule**
> Rund um den 11. Februar bietet sich die Gelegenheit für einen Projekttag an Ihrer Schule, z. B. mit einer Plakatausstellung über Rettungsdienste weltweit, aber auch den Schulsanitätsdienst.

Teilen Sie die Klasse in vier Gruppen ein, von denen sich zwei mit dem Beispiel 3 *(A fire broke out next door.)* befassen und zwei mit dem Beispiel 4 *(A drunken man collapses on the pavement).* Jeweils eine der beiden Gruppen versetzt sich in die Rolle desjenigen, der den Notruf absetzt, während die andere die Rolle desjenigen übernimmt, der ihn annimmt. Fordern Sie die Schüler auf, sich zu notieren, wie sie als *caller* die Situation beschreiben oder welche Fragen sie als *operator* stellen würden. Im Anschluss teilen Sie jeweils einem *caller* einen *operator* zu, die in Partnerarbeit einen Dialog erstellen. Pro Beispiel kann ein Dialog in der Klasse vorgespielt werden, auf den die Schüler dann Feedback von denen erhalten, die sich mit dem jeweils anderen Beispiel befasst haben: Sind alle wichtigen Informationen gegeben worden? Hat der *operator* genau genug nachgefragt?

Abschluss

ca. 5 Minuten

Geben Sie den Schülern als Hausaufgabe den Entwurf eines Flyers zum nächsten *European 112 Day* auf und sammeln Sie im Plenum erste Ideen hierzu.

Emergency or not?

Task:
An emergency is a serious, unexpected and often dangerous situation that needs fast action. Decide whether the following examples are emergencies or not.

Example	**Is this an emergency? (If yes, who *is in charge*?)**
Number 1: You've just *witnessed* a *head-on collision* of two cars.	
Number 2: You've got nothing to wear for the party tonight.	
Number 3: A fire broke out next door.	
Number 4: A drunken man collapses on the pavement.	
Number 5: A mob runs after three screaming schoolboys.	
Number 6: Your computer system crashed.	
Number 7: You are on holiday in Australia and have just noticed that you left your wallet at home.	
Number 8: You have fallen down the stairs and cannot move your leg.	
Number 9: It's getting dark outside already when you are walking home from school. There is nobody in the street apart from somebody who has been following you ever since you stepped out of the school building. You stop, the person stops. You walk on, the person walks on.	
Number 10: Your cat climbed a tree and does not know how to get down again.	

Vocabulary aids:
(to) be in charge – zuständig sein
(to) witness – hier: beobachten
a head-on collision – Frontalzusammenstoß

In case of emergency, please call …

… 112. This *number can be dialled free of charge* from most mobile phones in Europe (even when they are *locked* or the SIM card is missing) to reach emergency services (ambulance, fire and rescue, police).
In many other countries in the world you can dial 112 as well. Your *call is forwarded* to local emergency numbers (like 911 in the USA and Canada and 000 in Australia).
"European 112 Day" is celebrated around Europe every year on the 11th of February to make the European emergency call 112 well-known. The date was chosen because it includes the telephone number (11/2).
When you talk to the emergency service operator, remember: *first things first!* Try to stay calm and give a clear description of the situation. The operator will ask you the five w-questions:

1. **W**hat happened?
2. **W**ho is involved?
3. **W**here did it happen?
4. **W**hen did it happen?
5. **W**ait for the operator to ask further questions!

He will let you know if there are further questions or tell you how you can *provide first aid* in the meantime. Don't forget: operators are professionals. They receive emergency calls every day.

Vocabulary aids:
to dial a number – eine Telefonnummer wählen
free of charge – gebührenfrei
locked – gesperrt
to forward a call – einen Anruf weiterleiten
first things first – die wichtigsten Dinge zuerst
provide first aid – Erste Hilfe leisten

More emergency vocabulary:

English	German	*English*	German
ambulance	Krankenwagen	*ladder*	Leiter
(to) be in pain	Schmerzen haben	*lifebelt*	Rettungsring
(to) bleed	bluten	*life jacket*	Rettungsweste
(to) breathe	atmen	*paramedics*	Sanitäter
broken bones	Knochenbrüche	*police officers*	Polizeibeamte
conscious	bei Bewusstsein	*rescue rope*	Rettungsseil
firefighters	Feuerwehrleute	*rescue workers*	Rettungskräfte
(to) get trapped	eingeklemmt werden	*(to) take someone to hospital*	jemanden ins Krankenhaus bringen
helicopter	Hubschrauber	*unconscious*	ohnmächtig
hospital	Krankenhaus	*urgent*	dringend
injured	verletzt		

Are you a good friend?

Darum geht's

In dieser Stunde befassen sich die Schüler mit Charaktereigenschaften. Anhand von zwei Beispieltexten gehen sie der Frage nach, welche Eigenschaften wichtig für eine gute Freundschaft sind.

Zielkompetenzen

Die Schüler …
- trainieren Sprechen, Hör- und Leseverstehen.
- erarbeiten und trainieren themenspezifisches Vokabular im Bereich *soft skills*.

Material

- Arbeitsblatt *Friends forever?* (S. 68)

Vorbereitung

Kopieren Sie das Arbeitsblatt *Friends forever?* im Klassensatz.

Stundenverlauf

Einstieg

ca. 10 Minuten
Schreiben Sie als stummen Impuls *A good friend* an die Tafel oder fragen Sie: *What comes to your mind when you read this?*
Teilen Sie die Klasse in zwei Gruppen, die sich – zunächst innerhalb ihrer Gruppen – zu folgenden Fragen austauschen:
Group A: What do you expect from your friends?
Group B: What do your friends expect from you?
Lassen Sie anschließend alle Schüler, die dazu bereit sind, einen kurzen mündlichen Beitrag formulieren. Wer sich an dieser Stelle nicht äußern möchte, gibt mit den Worten *I haven't made up my mind yet* an den Nachbarn weiter. Leiten Sie anschließend mit folgendem Hinweis auf die Arbeitsphase über: *It seems there are quite different ideas on what makes a good friend, aren't there? Let's find out if there are ideas we share.*

Arbeitsphase

ca. 25 Minuten
Bereiten Sie an der Tafel eine Tabelle mit zwei Spalten vor und lassen Sie die Schüler in Partnerarbeit Stichworte zu *Good friends – What they are* (Partner A) und *What they do* (Partner B) in ihre Hefte notieren und anschließend an der Tafel zusammentragen.

Good friends	
What they are: - honest - reliable - …	What they do: - comfort you - help you - …

Teilen Sie das Arbeitsblatt *Friends forever?* aus und lassen Sie die Schüler in Partnerarbeit die ersten beiden Aufgaben bearbeiten. Besprechen Sie die Ergebnisse mündlich und fordern Sie die Schüler abschließend auf, sich wahlweise in Toms oder Julies Situation zu versetzen und zu berichten, was sie an ihrer Stelle tun würden.

Abschluss

ca. 10 Minuten
Lassen Sie zum Schluss der Stunde alle Schüler ein kurzes schriftliches Statement formulieren: *Write down in one sentence if you think you are a good friend and why (not).* Alle Schüler, die wollen, können ihre Lösungen vorlesen. Als vertiefende Hausaufgabe lassen Sie die Schüler Plakate mit *Tips how to stay best friends forever* erstellen, die dann im Klassenraum aufgehängt werden können.

Friends forever?

Tom (13): Jim and I had been best friends since kindergarten. That changed all of a sudden when I told him we were going to move to Australia. He hardly spoke to me, never had time when I asked him if we wanted to do something together and I think I was the only one in class who was not invited for his birthday party. That really hurt, but after a while I got used to it. *I'll be far away soon*, I kept telling myself. Then my mother told me her company had offered her a better job, so we would not move after all. I will never forget Jim's face when I turned up in class the next morning and said: *Hi, guys – I am going to stay …*

Tasks:

1. **Work with a partner. Discuss if Tom and Jim could be friends again. Write down the pros and cons (keywords are enough).**

Pros	Cons

Julie (15): Moira and I met when we were eight years old. It was clear that there would never be anyone or anything that could get between us. We were best friends – and would be forever. But then Moira met Ed. He is quite nice, but he plays the guitar in a punk band. I hate that kind of music and I'm sure Moira does, too. She goes to each of Ed's concerts because she doesn't want to disappoint him. Both she and Ed have asked me repeatedly to come along, too, but really – *punk* music? Me? Never! And besides, if Ed is around, Moira has eyes for him only. So why bother? Going with her would only get on my nerves.

2. **Work with a partner. Why is Julie not happy with her and Moira's friendship anymore? Write down your ideas (keywords are enough).**

....

....

....

....

....

....

3. **Imagine you are Tom or Julie. What would you do in their position?**

  ISBN 978-3-8346-4219-6 | www.verlagruhr.de

Can you keep a secret?

Darum geht's

Manchen Menschen kann man einfach keine Geheimnisse anvertrauen, denn sie verplappern sich ständig, andere würden niemals ein Geheimnis verraten, selbst dann nicht, wenn es helfen würde, eine unangenehme Situation zu vermeiden. In dieser Unterrichtsstunde üben die Schüler im Rollenspiel den verantwortungsvollen Umgang mit „Geheimwissen" und stellen Überlegungen an, wann ein Geheimnis schützenswert ist und wann ein kleiner Hinweis hilfreich wäre.

Zielkompetenzen

Die Schüler …
- trainieren Sprechen und Hörverstehen.
- stärken ihre Sozialkompetenz.

Material

- Materialblätter *Secrets* (S. 70/71)
- Kreppband oder Papier für Namensschilder

Vorbereitung

Kopieren Sie die Vorlagen *Secrets* so oft, dass für jeweils fünf Schüler beide Blätter einmal vorhanden sind. Schneiden Sie die einzelnen Rollenkarten aus und fassen Sie sie in 5er-Sets zusammen. Legen Sie Kreppband oder Papier bereit, sodass alle Schüler ihren Rollennamen darauf schreiben und während der Arbeitsphase gut sichtbar an ihrer Kleidung anbringen können.

Stundenverlauf

Einstieg

ca. 10 Minuten

Legen Sie den Zeigefinger an den Mund, um Verschwiegenheit zu symbolisieren, oder stellen Sie pantomimisch dar, wie Sie hinter vorgehaltener Hand ein Geheimnis weitergeben. Sammeln Sie die Reaktionen Ihrer Schüler in loser Anordnung an der Tafel und schreiben Sie *secrets* in die Mitte. Fordern Sie die Schüler auf, sich zunächst in Partnerarbeit auszutauschen und dann im Plenum zu besprechen, mit wem sie ihre Geheimnisse teilen würden: *Imagine you have a secret. Would you tell anybody (your parents, your best friend, your diary …)?* Lassen Sie die Schüler anschließend den Perspektivwechsel vollziehen und leiten Sie damit zur Arbeitsphase über: *Has anybody ever told you a secret that was so exciting or upsetting or sad or problematic that you found it hard to keep it to yourself although you had promised not to talk about it?*

Arbeitsphase

ca. 30 Minuten

Teilen Sie die Klasse in 5er-Gruppen ein und geben Sie jeder Gruppe ein Set der Rollenkarten. Lassen Sie die Schüler je eine Rollenkarte ziehen und ein Schild (z. B. aus Kreppband) mit dem jeweiligen Rollennamen an ihrer Kleidung anbringen. Außer „Robin" haben die Schüler alle einen vorgegebenen Text, mit dem sie in die Szene einsteigen. Weisen Sie darauf hin, dass es wichtig ist, dass jeder mit Robin unter vier Augen spricht. Die übrigen Spieler stellen sich um Robin herum auf und treten in beliebiger Reihenfolge, aber nacheinander, in die Mitte. Geben Sie allen Gruppen 5 Minuten Zeit, den ersten Teil der Szene einmal durchzuspielen. Sichern Sie anschließend die einzelnen Hinweise, die Robin seinen Freunden geben könnte (Tim: *Linda finds him attractive*, Linda: *Tim feels stalked, no invitation for her and Tim for Carrie's party;* Carrie: *Jake might not be there for her party, Linda expects an invitation;* Jake: *one of two guests for Carrie's party)* stichpunktartig an der Tafel. Diskutieren Sie im Plenum, welche Ratschläge Robin seinen Freunden geben könnte. Thematisieren Sie auch, in welchen Fällen es in Ordnung sein könnte, das Geheimnis zu verraten, und wann Andeutungen reichen könnten. Im Anschluss spielen alle Gruppen eine zweite Runde, in der Robin seine Freunde nacheinander anruft, vor.

Abschluss

ca. 5 Minuten

Lassen Sie die Schüler zum Abschluss die Lösungen kommentieren: *Imagine you are one of Robin's friends. Would you be angry with him? Why (not)?*

Secrets (1/2)

Robin

Part 1:
Tim, Linda, Carrie and Jake are your friends. They all tell you their secrets and make you promise that you don't tell anyone about them. Listen to your friends, one after the other, but don't comment on what they are telling you. Just nod every now and then or throw in a 'Oh, really?'.

Stop and think: Which hints could you give Tim, Linda, Carrie and Jake?

Part 2:
Once you have spoken to all of them, there is a second round, in which you phone them and give them some advice if you think it's necessary. Make sure to keep your promise – but maybe you find a way *of giving them a hint* without *giving away any secrets.* Here are some useful phrases: Maybe you should check … If I were you, I would/wouldn't …You could ask him/her … Why don't you …?

Vocabulary aids:
to give a hint – einen Hinweis geben
to give away a secret – ein Geheimnis verraten

Tim

Talk to your best friend Robin. Make sure you two are alone.

Now, listen, it would be great if you could keep this to yourself, okay? I really don't like the way Linda looks at me in sports lessons – as if there was something wrong with me.

Linda

Talk to your best friend Robin. Make sure you two are alone.

Don't tell anyone, but … Isn't Tim just cute? The way he moves, just like Tarzan! I can't wait for him to ask me to go out with him. Maybe we can go to Carrie's birthday party together … I'm really looking forward to this. Carrie's parties are always great.

  ISBN 978-3-8346-4219-6 | www.verlagruhr.de

Secrets (2/2)

Carrie

Talk to your best friend Robin. Make sure you two are alone.

Here's an invitation for my birthday party on Sunday. Can you keep this confidential, *please? I hope you can come because otherwise there would be only Jake and me. My parents didn't want me to invite too many people this year.*

Vocabulary aids:
to keep something confidential – etwas vertraulich behandeln

Jake

Talk to your best friend Robin. Make sure you two are alone.

Guess what? *I finally got two tickets for the rock concert in London next weekend. Isn't that great? Tim will be* overjoyed. *We are going there on Saturday and will be back early Monday morning. I haven't told him yet – it's a surprise.*

Vocabulary aids:
Guess what? – Stell dir vor …
overjoyed – very happy

Tasks:

1. Cut out the role cards and let everybody draw one.

2. Act out the conversations.

Personality pie

Darum geht's

In dieser Unterrichtsstunde wird der Blick auf die individuellen positiven Charaktereigenschaften der Schüler gelenkt. Dabei beurteilen sie sich nicht nur selbst, sondern ordnen, in Form eines Spiels, auch ihren Mitschülern positive Eigenschaften zu.

Zielkompetenzen

Die Schüler …

- trainieren Sprechen, Hörverstehen und Schreiben.
- erarbeiten und trainieren themenspezifisches Vokabular für eine Charakterisierung.
- vertiefen ihre Kenntnisse zu wertschätzendem Feedback.
- stärken ihre Sozialkompetenz.

Material

- Arbeitsblätter *Personality pies* (S. 73/74)
- Scheren im drittel Klassensatz

Vorbereitung

Kopieren Sie die Vorlagen *Personality pies* im drittel Klassensatz.

Stundenverlauf

Einstieg

ca. 15 Minuten

Fragen Sie zum Einstieg nach Vorbildern oder Helden der Schüler und lassen Sie einige Schüler kurze Begründungen für ihre Wahl formulieren. Lenken Sie das Gespräch auf positive Eigenschaften und sammeln Sie sie an der Tafel. Bringen Sie dabei alle Begriffe aus den auf dem Arbeitsblatt *Personality pies* abgebildeten Tortendiagrammen unter und semantisieren Sie diese beim Anschreiben: *So we like it when people are **talented** – other words for this are **gifted** and **skilled**. And we prefer someone who is **friendly, nice, fair, polite** (someone who says please and thank you) or **attentive** (that means someone listens to you and does not do something else while you are talking to them). It's easier to talk to someone who is **eloquent** and **communicative** than to someone who is not **clever** – or **smart** or **intelligent** – enough to find the right words or tone. Some people are a bit more **adventurous** than others and not as **patient**, but that does not mean they are not **responsible** – they still know how far they can go – or **reliable** (you can count on them). We appreciate if someone can make us laugh – someone who is **delightful, funny or witty**, but still **respectful**. We admire people who think of others first before they think of themselves – that's called being **altruistic**. They can imagine how others feel and are **caring** – or **compassionate**.* Leiten Sie zur Arbeitsphase über mit dem Hinweis: *It is usually quite easy to characterise somebody else, even if that person is not here right now. Just think of your best friend or your mother – I'm sure you could say a few things about what they are like. But when we think about our own personality, we are not so sure – maybe because we don't know what others see in us. Let's try and get a clearer idea, shall we?*

Arbeitsphase

ca. 25 Minuten

Weisen Sie die Schüler an, 3er-Gruppen zu bilden, und teilen Sie an jede Gruppe die beiden Arbeitsblätter *Personality pies* aus. Lassen Sie die Schüler die *pies* gemäß der Aufgabe 1 zerschneiden und die Tortenstücke umgedreht vor sich auf den Tisch legen. Gehen Sie dann mit den Schülern gemeinsam die Aufgaben 2 und 3 durch und stellen Sie sicher, dass alle verstanden haben, was zu tun ist.

Abschluss

ca. 5 Minuten

Lassen Sie alle Schüler, die wollen, ihren Text vorstellen und die Frage beantworten: *Do you agree with your classmates' characterisation of you? Why (not)?*

Personality pies (1/2)

Tasks:

1. **Cut the pies apart and place the pieces upside down on one of your desks.**
2. **Take turns to draw a piece. There are two options:**
   a) **The piece is blank. Choose one of the character traits written on the blackboard and write it on the piece. Decide which of your group members it suits best and hand it over to them. Briefly explain your choice.**
   b) **There already is a character trait on the piece. Hand it to the group member it suits best and again explain your choice. Collect pieces until you have a complete pie.**
3. **Write a short paragraph about how your classmates see you.**

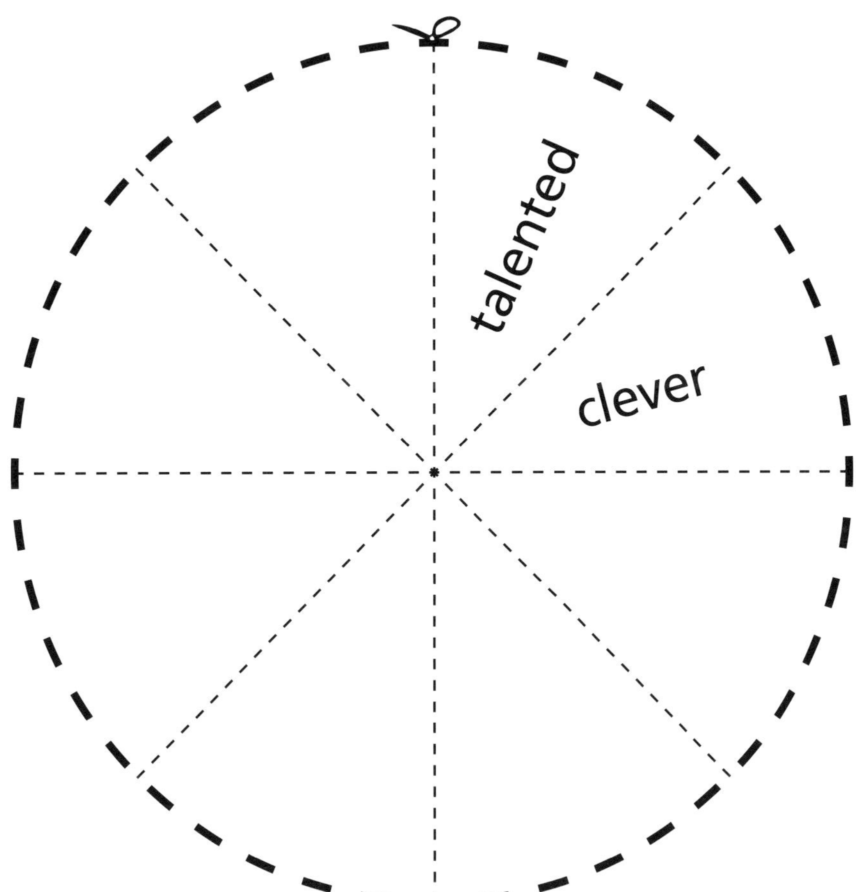

Personality pies (2/2)

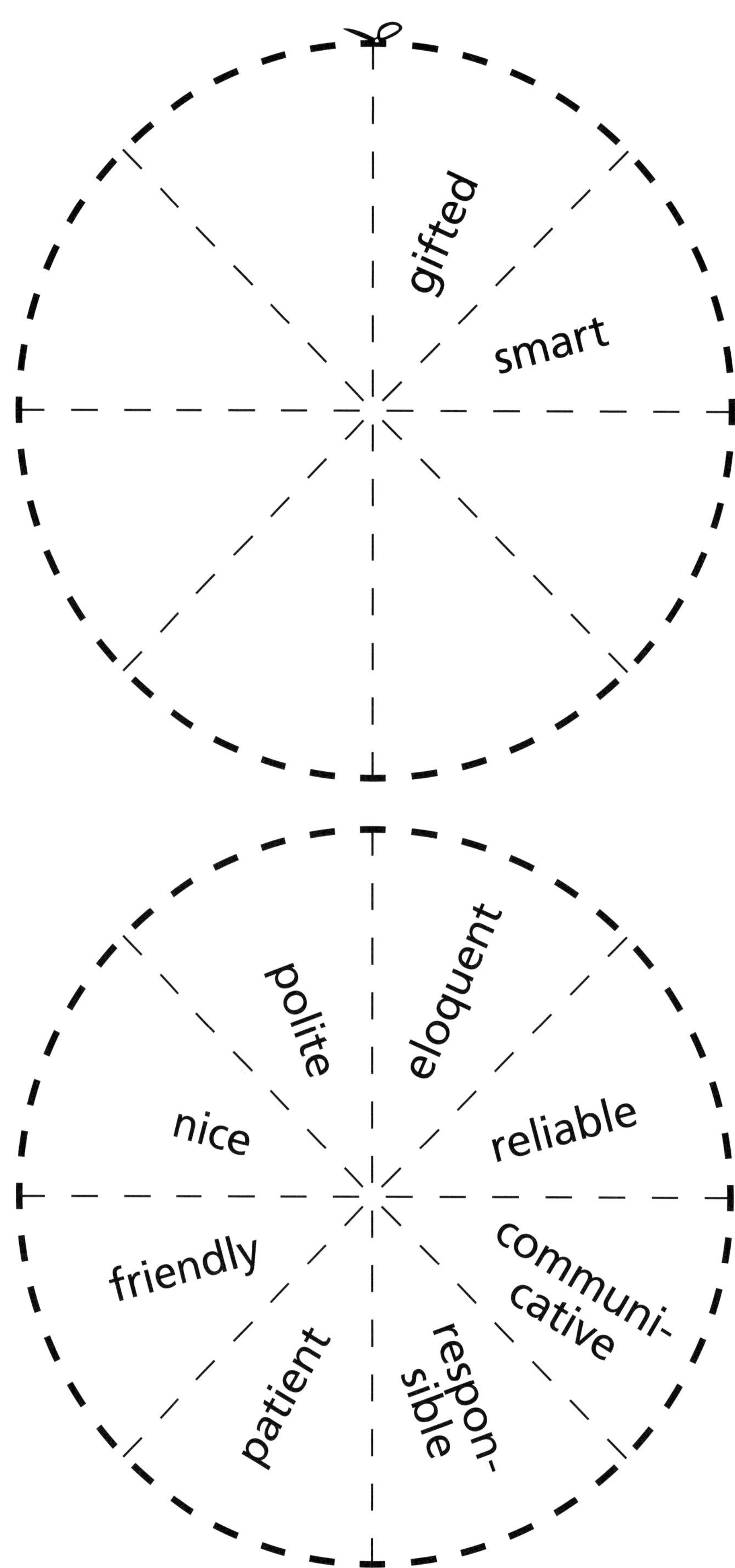

Top talent

Darum geht's

In dieser Unterrichtsstunde machen die Schüler sich auf Erkundungstour und entdecken, welche Talente in ihnen und ihren Mitschülern schlummern. Sie stellen Überlegungen an, welche Bedeutung es hat, die eigenen Begabungen zu kennen, und setzen sich mit ihrem Umgang mit Kritik auseinander.

Zielkompetenzen

Die Schüler …

- trainieren Sprechen, Hörverstehen und Schreiben.
- können einen Sachverhalt treffend skizzieren.
- stärken ihre Sozialkompetenz.

Material

- Arbeitsblatt *Who benefits?* (S. 76)
- 3 Notizzettel für jeden Schüler

Vorbereitung

Kopieren Sie das Arbeitsblatt *Who benefits?* im Klassensatz und legen Sie die Notizzettel bereit.

Stundenverlauf

Einstieg

ca. 10 Minuten

Laden Sie die Klasse ein, sich Gedanken über ihre Stärken zu machen. Hierfür wendet sich jeder Schüler zunächst seinen eigenen Talenten zu: *What are you good at? Are you good at Maths? Can you always cheer up people who are sad? Can you sing well? Write down three things you can do really well in your exercise book.* Geben Sie anschließend jedem Schüler drei Notizzettel und erklären Sie die nächste Aufgabe: *Work with your neighbour. Write down three talents you think your partner has. Use a new sheet for each talent.* Anschließend vergleichen die Schüler die Talente, die ihnen von ihren Mitschülern zugeschrieben werden, mit ihrer eigenen Liste. Die Zettel, die mit einem Talent der eigenen Liste übereinstimmen, behalten sie. Die zusätzlichen Eigenschaften notieren die Schüler in ihrem Heft und schreiben auf die Rückseite der Zettel je eines ihrer von den Mitschülern „unentdeckten" Talente. Sammeln Sie danach diese übrig gebliebenen Zettel ein. Fragen Sie die Schüler zunächst nach den Übereinstimmungen *(I wrote that I am a good dancer and my partner wrote that, too.)* und lesen Sie anschließend eine Auswahl unentdeckter Talente vor. Stellen Sie dabei Überraschendes oder besonders häufig genannte Punkte heraus. Dabei ist unwichtig, ob es sich bei den einzelnen Talenten um eigene Einschätzungen oder von anderen zugeschriebene Fähigkeiten handelt: *Did you know that there are a lot of soccer champions in this class?* Leiten Sie zur Arbeitsphase über mit der Frage, ob es wichtig ist, die eigenen Talente zu kennen.

Arbeitsphase

ca. 25 Minuten

Sammeln Sie ein paar Antworten und sichern Sie sie an der Tafel.

If you know your talents, …
… you can use them to help/please/entertain/cheer up someone
… you can let others benefit
… you know which tasks come naturally to you

Teilen Sie das Arbeitsblatt *Who benefits?* aus und geben Sie den Schülern Gelegenheit zu spontanen Reaktionen auf das Bild und mündlichen Äußerungen zur 1. Aufgabe. Lassen Sie sie anschließend die 2. Aufgabe bearbeiten und sich gegen Ende der Arbeitsphase in Partnerarbeit über ihre Ergebnisse austauschen.

Abschluss

ca. 10 Minuten

Nehmen Sie das Statement *You can't please everyone* als Aufhänger für eine Abschlussdiskussion, bei der alle Schüler, anknüpfend an die Partnerarbeitsphase, Gelegenheit haben, einen kurzen mündlichen Beitrag zu formulieren.

Who benefits?

When you are good at something, you probably want to share this with others, but sometimes you get a lot of *criticism* instead of *praise*. Don't be discouraged – it often takes time until people realize how much *they benefit from* your talents. And remember: you can't please everyone.

© *Aekotography – Shutterstock.com*

Tasks:

1. **How does the girl feel when she looks at the feedback from the others? Exchange ideas with a partner.**
   Here are some useful expressions: The thumbs down symbol … the thumbs up symbol …
2. **Can you think of a situation in which many people benefit from somebody's talent? Write a short paragraph.**

Vocabulary aids:
criticism – Kritik
praise – Lob
to benefit from something – von etwas profitieren

  ISBN 978-3-8346-4219-6 | www.verlagruhr.de

Comfort zone

Darum geht's

In dieser Unterrichtsstunde befassen sich die Schüler mit dem Konzept der *comfort zone*. Diese zu verlassen, ist immer auch mit Überwindung verbunden. Im Rahmen einer Pro-Contra-Debatte diskutieren die Schüler darüber, ob es manchmal notwendig sein kann, die Herausforderung anzunehmen, und wann es ratsam ist, sich in die *comfort zone* zurückzuziehen.

Zielkompetenzen

Die Schüler …

- trainieren Sprechen und Hörverstehen.
- führen eine Pro-Contra-Debatte.

Material

- Folienvorlage *Comfort zone* (S. 78), OHP, Folie
- Arbeitsblatt *Sorry, I'm out of my comfort zone!* (S. 79)

Vorbereitung

Kopieren Sie die Vorlage *Comfort zone* einmal auf Folie und das Arbeitsblatt *Sorry, I'm out of my comfort zone!* im Klassensatz.

Stundenverlauf

Einstieg

ca. 5 Minuten

Erläutern Sie mithilfe der Folie *Comfort zone*, was unter diesem Begriff verstanden wird, und leiten Sie zur Arbeitsphase über mit der Frage: *But how do we learn how to swim or jump out of an aeroplane with a parachute like in the picture if we never leave our comfort zone?*

Arbeitsphase

ca. 30 Minuten

Fordern Sie die Schüler auf, (wiederkehrende) Situationen zu benennen, in denen sie sich unwohl fühlen, denen sie sich aber nicht entziehen können *(giving a presentation in class, arriving 10 minutes late for a lesson, taking a pair of shoes back to the shop because you only noticed at home they don't fit or are the wrong colour …)*. Lassen Sie sie anschließend beschreiben, wie sie sich jeweils gefühlt haben, sobald die Situation vorbei war.
Teilen Sie die Arbeitsblätter *Sorry, I'm out of my comfort zone!* an alle Schüler aus und lassen Sie sie die Aufgabe in Partnerarbeit bearbeiten.
Teilen Sie anschließend die Klasse in zwei Gruppen (A, B), die arbeitsteilig ihre Argumente für (A) und gegen (B) ein Verlassen der *comfort zone* zusammenstellen. Fordern Sie sie auf, die jeweils drei stärksten Argumente auszuwählen und je zwei Gruppenmitglieder (A1, A2, B1, B2) zu benennen, die diese in der nun folgenden Pro-Contra-Debatte vertreten: *Team A starts, student A1 presenting their first argument. Student B1 replies, then the other student (B2) presents their strongest argument. A1 replies, then A2 presents their next argument and so on until all arguments on your shortlists are used up. There is a time limit of one minute for each contribution. Make sure there is only one student speaking at a time and remember to be polite.*

Regeln sind wichtig!
Vor dem Einstieg in die Debatte können die Regeln für einen respektvollen Umgang noch einmal ins Bewusstsein gerufen werden *(only one student speaking at a time, time limit, politeness)*. Bei Schülern, die mit dieser Methode vertraut sind, können die Debatten dann auch in 5er-Gruppen erfolgen, wobei ein Mitglied entscheidet, welches 2er-Team die überzeugenderen Argumente hatte, und diese Entscheidung auch begründet.

Abschluss

ca. 10 Minuten

Zum Abschluss stimmen alle Schüler darüber ab, welches 2er-Team seine Position überzeugender vertreten hat, und reflektieren, ob sich ihre persönliche Einstellung zum Verlassen der *comfort zone* geändert hat.

Comfort zone

Your comfort zone is …

© ORODIN DENIS – Shutterstock.com

… where you feel safe/secure/in the right place.

… where you can cope with/ deal with/manage/handle things.

… where there are no challenges/obstacles/ difficulties.

Your comfort zone is where you feel comfortable.

© nyul – stock.adobe.com.com

 © Verlag an der Ruhr | Marion Schadek-Bätz | ISBN 978-3-8346-4219-6 | www.verlagruhr.de

Sorry, I'm out of my comfort zone!

No risk, no fun! – This is what people say who think you sometimes have to leave your comfort zone if you want to move on. Others would rather not leave their comfort zone at all because they think this is far too dangerous. What do you think? Is it necessary to leave your comfort zone from time to time?

Task:
Work with a partner and complete the chart with arguments for (pros) and against (cons) it.

Should you leave your comfort zone?

Pros	Cons
Example: If you never do anything new, everything will be boring one day.	*Example: There is a reason why you feel comfortable in some situations and uncomfortable in others. So if in doubt, back out!*

Useful vocabulary for a debate:

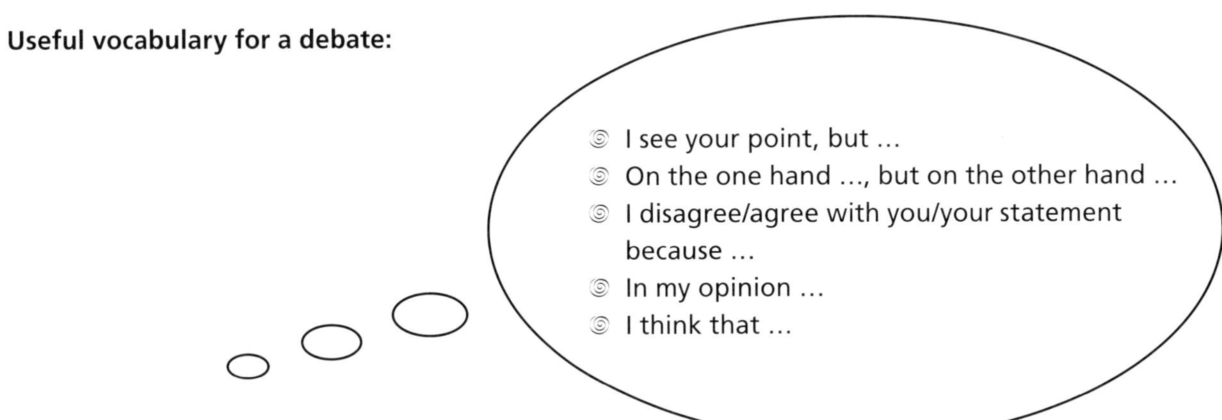

I'm not prejudiced, but …

Darum geht's

In dieser Unterrichtsstunde setzen die Schüler sich mit eigenen und fremden Vorurteilen und Stereotypen im Alltag auseinander. Ein besonderer Fokus liegt auf der Erkenntnis, dass niemand vor Vorurteilen gefeit ist. Als Einstieg dient ein Buch, dessen Cover nicht hält, was es verspricht, wie am Ende der Stunde aufgelöst wird, bezugnehmend auf das Sprichwort *Never jugde a book by the cover.*

Zielkompetenzen

Die Schüler …

- trainieren Sprechen und Hörverstehen.
- stärken ihre Sozialkompetenz.

Material

- Folienvorlage *Guess who …* (S. 82), OHP, Folie
- 3–4 Bilder aus Zeitschriften von Personen, die aufgrund ihrer Kleidung, Accessoires, Frisur, Mimik oder Pose besonders liebenswert oder gefährlich wirken
- Kochbuch mit dem Schutzumschlag eines wissenschaftlichen Buches
- Notizzettel für alle Schüler

Vorbereitung

Kopieren Sie die Vorlage *Guess who …* auf Folie.

Stundenverlauf

Einstieg

ca. 10 Minuten

Teilen Sie Notizzettel an alle Schüler aus. Halten Sie das Kochbuch in dem fremden Schutzumschlag hoch und laden Sie Ihre Schüler ein, ihre Vermutungen zum Inhalt des Buches auf den Notizzetteln zu notieren. Sammeln Sie anschließend die Zettel ein. Fordern Sie die Schüler auf, ihre Ideen vorerst mit niemandem zu teilen, da Sie am Ende der Stunde darauf zurückkommen würden.

Lassen Sie in der Klasse ein oder mehrere mitgebrachte Bilder aus Zeitschriften herumgehen und fragen Sie, welchen Eindruck die abgebildeten Personen auf die Schüler machen. Geben Sie den Schülern Gelegenheit, sich zunächst mit ihren Sitznachbarn darüber zu besprechen, bevor ein Austausch im Plenum stattfindet. Haken Sie nach, wodurch bestimmte Eindrücke entstehen, und notieren Sie hilfreiche Vokabeln oder Redewendungen an der Tafel:

Impressions
This man seems to be dangerous/friendly …
This person makes an arrogant/competent/confused/… impression.
I think so because of his tattoos/her earrings/his business suit/her pearl necklace …

Nehmen Sie die unterschiedlichen Eindrücke einzelner Schüler zu demselben Bild als Aufhänger, um zur Arbeitsphase überzuleiten:
We all like to think of ourselves as tolerant, open-minded people. But when we see someone, we immediately have an idea of what this person might be like. This usually has to do with our own experience or with what we have heard about groups of people – boys are better at maths, girls write better essays … We don't want to be prejudiced, but we are. Falls erforderlich, können Sie die Begriffe *tolerant, open-minded, (to) be prejudiced, to think in categories* zum besseren Verständnis an der Tafel notieren.

Arbeitsphase

ca. 30 Minuten

Legen Sie die Folie *Guess who …* auf. Teilen Sie die Klasse in die Gruppen A, B und C ein und fordern Sie die Schüler auf, sich arbeitsteilig die Eigenschaften in ihre Hefte zu notieren, die sie jeweils den Personen A, B und C zuordnen würden (Mehrfachnennungen sind möglich). Anschließend finden sich alle Schüler, die denselben Buchstaben bearbeitet haben, in Gruppen zusammen und einigen sich auf ein gemeinsames Profil. Dieses wird von einem Schüler pro Gruppe mit

Begründung vorgestellt. *(We think C has a cat. Elderly ladies often have pets. And they sometimes knit.)* Schildern Sie im Anschluss die folgende Auflösung: *B is C's parole officer who learned from her how to knit when he visited her in prison. So this means C can knit as well. C spent three years in prison because she robbed the bank where A works. He had forgotten to lock the safe and did not even notice she stole all the money that was in there because he was reading comics during working hours. To get over the shock, he started writing poetry and reads out the poems to his cat in the evenings. And who likes ice-cream? Well, everybody does, right? Or am I just being prejudiced?*
Besprechen Sie mit den Schülern, welche Zuordnungen für sie überraschend waren und welche ihren Erwartungen entsprochen haben.
Führen Sie den Schülern durch den Hinweis auf eine Situation, die an ihre Lebenswirklichkeit anknüpft, vor Augen, dass Alltagsentscheidungen häufig unbewusst zumindest zu einem gewissen Anteil von Vorurteilen beeinflusst sind. *Before you sit down on the bus, you have a look at who would be sitting next to you, right? Why does it matter? Does it really matter?*

Abschluss

ca. 5 Minuten
Kommen Sie nun auf das Buch vom Anfang der Stunde zurück. Treffen Sie eine Auswahl aus den abgegebenen Notizzetteln und stellen Sie einige von den Schülern geäußerte Vermutungen vor *(Some students think this is a mathematics book, others think it is a book about elephants ...)*, bevor Sie das Rätsel auflösen *(This is actually – my grandma's cookbook)*. Fordern Sie die Schüler auf, das Sprichwort *"Never judge a book by the cover"* auch auf die anderen besprochenen Stundeninhalte zu übertragen, und fragen Sie sie nach der Botschaft: *Do you get the message?* Antworten hierzu können als Ergebnis der Stunde stichpunktartig an der Tafel festgehalten werden. Verbunden mit zusätzlicher Recherche zu dem Hintergrund des Sprichwortes ist dieses auch als Aufhänger für einen Reflexionstext als vertiefende Hausaufgabe geeignet.

Never judge a book by the cover (English saying) means:

- *don't form your opinion on someone/something only based on what you see at first glance/on the surface*
- *always have a deeper/closer/second look*
- *people/things might be different from what you expected*

"Never judge a book by the cover"

Guess who …

A

C

© robuart – Shutterstock.com

© hisa_nishiya – Shutterstock.com

B

© Alexander_P – Shutterstock.com

◎ loves ice-cream	◎ can knit	◎ spent some years in prison
◎ writes poetry	◎ has a cat	◎ reads comics

  ISBN 978-3-8346-4219-6 | www.verlagruhr.de

White lies

Darum geht's

In dieser Stunde befassen sich die Schüler mit der Frage, ob es in jeder Situation angebracht ist, zu hundert Prozent ehrlich zu sein. Sie setzen sich zunächst mit drei vorgegebenen Situationen im interkulturellen Kontext auseinander und arbeiten Gründe für und gegen *white lies* heraus. Anschließend spüren sie gängige *white lies* in ihrem Alltag auf und nehmen begründet Stellung zu ihrer Bedeutung für ein friedliches Zusammenleben.

Zielkompetenzen

Die Schüler …

- trainieren Sprechen, Hör- und Leseverstehen.
- beschäftigen sich intensiv mit gesellschaftlichen Konventionen.
- stärken ihre interkulturelle Kompetenz.

Material

- Arbeitsblatt *White lies* (S. 85)

Vorbereitung

Bereiten Sie einen Tafelanschrieb zum Aufklappen vor. Stellen Sie sicher, dass die Auflösung (die *reaction*) verdeckt bleibt, auch wenn Sie die Ausgangssituation aufklappen.

Situation		*Reaction*
Chinese student gets praise for English skills	*A*	*Thanks, but not really.*
Irish student is rudely pushed aside at the bus stop	*B*	*Sorry, my fault.*
US student is asked "How are you?"	*C*	*Fine.*

Fertigen Sie Kopien des Arbeitsblattes *White lies* im Klassensatz an.

Stundenverlauf

Einstieg

ca. 5 Minuten

Laden Sie die Schüler ein, sich nacheinander in die drei verschiedenen Situationen hineinzuversetzen, die sie gleich von Ihnen vorgelesen bekommen. Lassen Sie nach jedem Szenario von maximal drei Schülern einen mündlichen Beitrag formulieren, wie sie sich in dieser Situation verhalten würden:

A – Imagine you are an exchange student from China spending a year in the USA. Your exchange partner says: "Your English is excellent! It's amazing how quickly you've learned our language." You know that your partner is right because you have worked very hard and you have heard this from others before. What is your reply?

B – Now imagine you are an Irish exchange student in Germany waiting at the bus stop. The bus arrives and you are just about to enter when somebody pushes you aside to go first. You think this is a pretty rude thing to do. What is your reaction?

C – And finally, what would you say if you were a homesick US student in Germany and somebody asked you how you are?

Leiten Sie dann auf die Arbeitsphase über, indem Sie die Tafel mit dem vorbereiteten Anschrieb aufklappen: *So here we've got the three situations again. Let's see what the students' reactions were.* Lassen Sie die *reaction* von Schülern vorlesen.

Arbeitsphase

ca. 30 Minuten

Teilen Sie die Klasse in drei Expertengruppen A, B und C ein, die sich mit jeweils einer der Situationen befassen. Lassen Sie die Gruppen zunächst die Reaktionen stichwortartig kommentieren und Vermutungen über die Hintergründe anstellen: *Did you expect this reaction? Why?/Why not? Why do you think the student reacted like that? Note down some ideas – keywords are enough.* Bilden Sie danach 3er-Gruppen mit je einem Teilnehmer aus A, B und C, die ihre Ergebnisse einander vorstellen und diskutieren und anschließend im Plenum zusammentragen.

Teilen Sie nun das Arbeitsblatt *White lies* an alle Schüler aus und lassen Sie sie die Aufgaben bearbeiten.

Abschluss

ca. 10 Minuten

Zum Abschluss diskutieren die Schüler, welche Funktion *white lies* für das Zusammenleben in der Gesellschaft haben, und bilden sich ihr Urteil darüber, ob es ratsam bzw. überhaupt machbar wäre, ganz darauf zu verzichten.
Schreiben Sie als Impuls *White lies – polite or dishonest?* an die Tafel und lassen Sie einzelne Schüler Stellungnahmen formulieren, die sie mithilfe des von ihnen gewählten Beispiels auf dem Arbeitsblatt begründen.
Besprechen Sie anschließend die Pro- und Contra-Argumente für *white lies* aus Aufgabe 2 des Arbeitsblattes und sichern Sie die Ergebnisse in Form eines Tafelanschriebs, der von den Schülern übernommen wird:

Is it ok to tell white lies?

+	–
◎ you don't hurt people's feelings ◎ it's easier (less discussion)	◎ if you do it too often, nobody will trust you ◎ it might only be the easiest option for the moment

Schließen Sie die Stunde mit einer Abstimmung per Handzeichen *(Could we live without white lies? Who thinks we can? Who thinks we can't?)* und lassen Sie zwei Schüler ihre jeweiligen Positionen zusammenfassend begründen.

White lies

Do you always tell the truth? Yes? Really? Then you are probably a *saint* – or you just don't care about how you *come across*.
Telling others what they expect us to say even when we don't really mean it is called a white lie. While some believe that white lies make life a lot easier, others criticize that *avoiding* conflicts is not always the best solution.

If you get a compliment, you will probably say something like *Thank you, that's very kind of you*, and point out some reasons for why you made such a good impression *(You think I can sing well? I actually practise three hours every day and I have been taking singing lessons since I was a* toddler*.)*.

In China, that reaction would be most *impolite*. If someone praises you, you *pretend* that you don't really *deserve* it – even if you think you do.

When someone is disrespectful and rude to you, you certainly expect **them** to say sorry. In Ireland people are more easily ready *to take the blame* before they *accuse* others.

In the USA, people don't really want to know how you feel if they ask you how you are. It's their way of saying *I've noticed that you are here* or simply *hello*. So the answer usually is *fine* or *okay*, no matter how miserable you might actually feel.

Tasks:

1. **Work with a partner. Think of an example of a white lie you or somebody else used.**
2. **Make a list of pros (partner A) and cons (partner B) of white lies. Discuss your results.**

"Fine, thanks"

Vocabulary aids:
saint – Heiliger
(to) come across – auf andere wirken
(to) avoid – vermeiden
toddler – Kleinkind
impolite – unhöflich
(to) pretend – vorgeben, so tun als ob
(to) deserve – verdienen
(to) take the blame – die Schuld bei sich selbst suchen
(to) accuse – beschuldigen

What's the joke?

Darum geht's

Beliebt bei Jung und Alt sind im englischsprachigen Raum Wortspiele (*puns*), die in sogenannten *knock-knock jokes* enthalten sind. In dieser Stunde lernen die Schüler diese besondere Art des Witzes nicht nur kennen, sondern sind außerdem in der Lage, ihn am Ende der Stunde auch zu analysieren.

Zielkompetenzen

Die Schüler ...
- trainieren Sprechen, Hör- und Leseverstehen.
- recherchieren im Internet und stärken ihre Medienkompetenz.
- befassen sich mit sprachraumtypischen Witzen.
- werden für Wortspiele in der Zielsprache sensibilisiert.

Material

- Arbeitsblatt *What's the joke?* (S. 87)
- PC, Tablet oder Laptop mit Internetzugang im Klassensatz

Vorbereitung

Kopieren Sie das Arbeitsblatt *What's the joke?* im Klassensatz. Stellen Sie den Zugang zu Geräten, mit denen die Schüler im Internet recherchieren können, sicher.

Stundenverlauf

Einstieg

ca. 10 Minuten

Präsentieren Sie den Schülern zum Einstieg eine schier unglaubliche Geschichte so, als handele es sich um die Wahrheit: *Have you heard about the new school subject 'Brushing your teeth' yet? From what I heard, there will be two extra lessons a week on top of your timetable in which all students learn how to use a toothbrush properly* ... Warten Sie die ersten Reaktionen ab und erklären Sie bei Nachfragen, dass Sie das auch nicht so genau wüssten: *Well, the person I got that from said something funny when I asked for more details. He said 'April, April'.* Schreiben Sie gegebenenfalls „April, April" zur Verdeutlichung an die Tafel. Lösen Sie die Situation auf mit der Feststellung: *So it seems that was an April Fool's Day joke. I nearly fell for it – and so did you, didn't you?* Geben Sie den Schülern Gelegenheit, von eigenen Aprilscherzen, die sie erlebt oder sich ausgedacht haben, zu berichten.

Arbeitsphase

ca. 25 Minuten

Leiten Sie die Arbeitsphase mit einem Perspektivwechsel ein: *And now for a different kind of joke people like to make ... There are so-called knock-knock jokes that are quite popular on April Fool's Day.* Teilen Sie das Arbeitsblatt *What's the joke?* an alle Schüler aus und erläutern Sie die Struktur eines *knock-knock jokes* mithilfe des Beispiels. Klopfen Sie zur Unterstreichung bei den Worten *knock, knock* an die Tür, lesen Sie die entscheidende letzte Zeile 2-mal vor und betonen Sie beim zweiten Mal die Pause zwischen *ice* und *cream* sowie *I* und *scream*, um die klanglichen Unterschiede herauszuarbeiten: *So what we do here is play with words that sound similar. This is called a 'pun'.* Gehen Sie anschließend mit den Schülern die Anweisungen auf dem Arbeitsblatt durch und fordern Sie sie auf, die Aufgaben 1 und 2 zu bearbeiten.

Abschluss

ca. 10 Minuten

Lassen Sie die Schüler paarweise so viele verschiedene Dialoge wie möglich vorspielen und jedes Mal direkt im Anschluss die Frage *What's the joke here?* von den Mitschülern beantworten. In einer Abschlussdiskussion tauschen sich die Schüler darüber aus, welche Witze ihnen gefallen haben. Danach können die Dialoge im Klassenraum aufgehängt werden, damit alle Schüler später Gelegenheit haben, sie sich noch einmal in Ruhe durchzulesen.

What's the joke?

A knock-knock joke always starts with person A knocking on the door and person B asking "Who's there?"

A: Knock, knock!
B: Who's there?

A answers. B repeats what A said and adds "... who?":

A: Ice cream!
B: Ice cream who?

A answers with a pun (wordplay) and this is what makes the joke funny:

A: Ice cream if you don't let me in!

Did you get it? If not, read out the last sentence aloud. Ice cream sounds just like "I scream" and this is what A really says: ***I scream if you don't let me in!***

HAHAHA

Task:

1. Log on the internet and find a knock-knock joke. Complete the dialogue below and briefly explain what the joke is.

HAHAHA

My knock-knock joke

A: Knock, knock!
B: Who's there?

A: .... !

B: .... who?

A: ....

What's the joke?

....

....

....

....

2. Make appointments with three different partners and read each other's dialogue.

Illustration: © Norbert Höveler

Ruler for a day

Darum geht's

Die Schüler setzen sich mit der Ordnung eines demokratischen Staates am Beispiel des Grundgesetzes auseinander. Sie formulieren eigene Regeln für einen fiktiven Schulstaat und übernehmen für eine Unterrichtsstunde die Regierungsgeschäfte. Dabei wiederholen und üben sie den Gebrauch des Passivs.

Zielkompetenzen

Die Schüler …
- trainieren Sprechen, Hörverstehen und Schreiben.
- festigen Passiv-Konstruktionen.
- stärken ihr Demokratieverständnis.

Material

- Folienvorlage *Basic Law* (S. 89), OHP, Folie
- Ausgabe des Grundgesetzes in englischer oder deutscher Sprache

Vorbereitung

Kopieren Sie die Vorlage *Basic Law* auf Folie und besorgen Sie sich eine Ausgabe des Grundgesetzes (www.btg-bestellservice.de).

Stundenverlauf

Einstieg

ca. 10 Minuten
Schreiben Sie den Namen Ihrer Schule an die Tafel. Weisen Sie die Schüler an, einige Regeln zu nennen, die an dieser Schule gelten, und sammeln Sie diese stichpunktartig an der Tafel.

School rules and regulations
Students should …
- attend school regularly
- treat others with respect
- not destroy school equipment/others' property
- carry out reasonable tasks to the best of their ability

Halten Sie das Grundgesetz hoch und lassen Sie die Schüler Vermutungen anstellen, wofür die darin enthaltenen Regeln gelten könnten. Lassen Sie die Ausgabe in der Klasse herumgehen, greifen Sie Schülerantworten auf und leiten Sie mit folgender Erklärung zur Arbeitsphase über: *These rules and regulations are not for a school or a company, but they are for a state – a country.*

Arbeitsphase

ca. 25 Minuten
Erläutern Sie mithilfe der Folie *Basic Law* die Funktion des Grundgesetzes und semantisieren Sie die fettgedruckten Begriffe. Erklären Sie den nächsten Arbeitsschritt, bevor Sie die Klasse 6er-Gruppen bilden lassen:
Imagine your school was a state and you could be the rulers for one day. What would you change? Form groups of six and write down ideas for your constitution. Weisen Sie die Schüler darauf hin, dass die Regeln möglichst in passiver Form formuliert werden sollten, und schreiben Sie einige Beispiele an die Tafel. *(1. Students should be allowed by our health ministry to stay at home on days when they really don't want to go to school. 2. More sports events should be organised by the sports ministry.).* Nach ca. 10 Minuten entscheidet sich jede Gruppe für die ihrer Meinung nach wichtigste gefundene Regel, die von einem Schüler dieser Gruppe an die Tafel geschrieben wird. Korrigieren Sie Fehler gemeinsam in der Klasse und lassen Sie anschließend die einzelnen Gruppen erklären, warum sie die von ihnen gewählte Regel für die wichtigste halten.

Abschluss

ca. 10 Minuten
Zum Abschluss geben die Schüler ihre Einschätzung zu Umsetzbarkeit und möglichen Auswirkungen der von ihnen aufgestellten Regeln. Dies kann sowohl durch eine *yes-no*-Abfrage per Handzeichen geschehen *(Do you think rule number one would work?)*, gefolgt von einer Nachfrage bei einzelnen Schülern *(Why do/don't you think so?)* als auch in Form von frei formulierten Beiträgen *(I think, the first rule would not work because many students never want to go to school.).*

Basic Law

© Cmon – stock.adobe.com.com

The **Basic Law** (Grundgesetz) is our **constitution**, something like the 'house rules' for Germany. There are 141 such 'house rules' (articles) that help people in our country live together in **peace** and **freedom**.

The first and most important article says that everybody should be **treated with respect** and that it is the state's duty to protect **human dignity**.

Other important rules and regulations are:
Germany is
- a **democracy** (which means the people have the power),
- a **social state/welfare state** (that is there for people if they need help) and
- a **state of law** (which means all people have **equal rights**).

Germany is also a **republic**, so there is no king or queen but a **government** that **is elected** every four years. There are various **ministries** which are responsible for different matters (e.g. health, finance, education, energy, agriculture, environment, family …).

Moral responsibility

Darum geht's

In dieser Unterrichtsstunde befassen sich die Schüler mit moralischen Werten und überlegen anhand zweier Beispieltexte, in welchen Situationen ein schlechtes Gewissen angemessen ist.

Zielkompetenzen

Die Schüler ...
- trainieren Sprechen, Hör- und Leseverstehen.
- üben Methoden zur Informationsgewinnung aus schriftlichen Texten.

Material

- Arbeitsblatt *Guilty conscience* (S. 92)

Vorbereitung

Kopieren Sie das Arbeitsblatt *Guilty conscience* im Klassensatz.

Stundenverlauf

Einstieg

ca. 5 Minuten
Berichten Sie als Einstieg von einer Alltagssituation, die Sie tatsächlich oder vorgeblich beobachtet oder selbst erlebt haben und die geeignet ist, einen Gewissenskonflikt hervorzurufen *(When I got on the train this morning, all seats but one were taken. There was an elderly lady who was just about to sit down, but I was quicker ... / Four boys were on the bus this morning. Only one of them got a seat. He kept talking to the others, who were standing next to him, but he didn't look as if he felt very comfortable ...)* und beginnen Sie mit den Schülern ein Gespräch darüber, wann und weshalb sie selbst ein schlechtes Gewissen haben. Schreiben Sie *guilty conscience* an die Tafel und leiten Sie damit zur Arbeitsphase über.

Arbeitsphase

ca. 30 Minuten
Teilen Sie die Arbeitsblätter *Guilty conscience* aus und stellen Sie zunächst sicher, dass alle Schüler verstanden haben, was mit diesem Begriff gemeint ist. Fordern Sie sie auf, die Texte in Einzelarbeit durchzulesen, und geben Sie ihnen anschließend Gelegenheit, Vokabel- oder sonstige Verständnisfragen zu stellen. Besprechen Sie danach mit ihnen die Aufgabenstellung und teilen Sie die Schüler in 2er-Gruppen ein. Weisen Sie den Schülern gegebenenfalls die Rollen A oder B zu (*Partner A is the student with the bigger feet/the longer hair ...).*

Weniger ist mehr
Erinnern Sie die Schüler daran, sparsam mit ihren Markierungen umzugehen und nur die wichtigsten Textstellen zu unterstreichen. Als Faustregel gilt: Höchstens 20 Prozent eines Textes sollten „bunt" sein.

Sobald die Schüler die Aufgaben bearbeitet haben, fragen Sie sie zunächst nach den jeweiligen Markierungen und halten Sie die Ergebnisse stichpunktartig als *possible reasons for a guilty conscience* in einer Tabelle an der Tafel fest. Im nächsten Schritt lassen Sie die Schüler die möglichen Begründungen für das schlechte Gewissen nennen und ergänzen Sie Ihren Tafelanschrieb um diese Begründungen. Leiten Sie im Anschluss über auf den zweiten Teil der Aufgabe und lassen Sie einzelne Schüler ihre Antworten vorlesen, ob sie an Robins oder Cillians Stelle ein schlechtes Gewissen hätten. Lenken Sie dabei die Aufmerksamkeit der Schüler darauf, dass Robin tatsächlich ein schlechtes Gewissen hat, während Cillian sich keiner Schuld bewusst ist *(Right, playing soccer in the street is a reason, but does Cillian really think he made a mistake?).*

Possible reasons for a guilty conscience	Why?
forgot to let the cat in	had to sleep in the snow
cat too fat	result of extra food
not helping enough at home	parents are too stressed
hiding bad marks from parents	disappointed
playing soccer in the street	parents had told them not to
breaking car window and running away	not taking responsibility

Abschluss

ca. 10 Minuten

Zum Abschluss tauschen die Schüler sich im Plenum dazu aus, ob sie die Positionen von Robin und Cillian nachvollziehen können und in welchen der genannten Situationen sie ein schlechtes Gewissen hätten *(Nobody likes housework, so why feel guilty, especially when you are not really responsible?).*

© sumnersgraphicsinc – stock.adobe.com

Guilty conscience

A guilty conscience is something you usually have when you did something that was morally wrong or had bad consequences for somebody else. Read Robin and Cillian's statements and then work on the tasks.

Robin:
My friends often make fun of me and say I have a guilty conscience because of anything. That's not really true, but I do feel guilty for a lot of things – once I forgot to let in our cat in the evening and it had to sleep outside in the snow. Nothing bad happened, but I made sure to sneak it some extra food for weeks afterwards. And then the cat started to get fat; the veterinarian put it on a diet … There seem to be a lot of things to feel guilty about in my life lately. My parents are both very stressed at work at the moment, so I'm trying to help them by bringing out the trash, and generally doing more housework; but sometimes I forget. Also, my grades have dropped a bit – not all of them, it's only maths so far. I tried to hide that from my parents, but the teacher asked them for a meeting and told them, so now they're disappointed in me. I don't really know how to get out of that one successfully …

Cillian:
I don't really feel guilty very often; I don't see that much use in it. For example, last week my best friend and I went to play soccer in the street. We were told not to, but our parents weren't there anyway, so we thought they wouldn't find out. We had a lot of fun – that is, until I nearly missed the ball and kicked it in the wrong direction. It flew right through our neighbour's car window. He wasn't nearby and no one saw us, so my friend and I ran away as fast as we could. The next day, our parents sat us down in my friend's house and told us the neighbour opposite had seen us crash the window. We both tried to deny it, but they are making us pay for the repair with our pocket money. That really sucks, because I was trying to save for a new skateboard – and now I won't be able to buy one for months. So I don't know why I should have a guilty conscience on top of all that.

Tasks:

1. **Work with a partner.**
   Partner A: Mark the things Robin feels guilty about. Would you have a bad conscience, too? Why (not)? Make notes in your exercise book.
   Partner B: Mark the things Cillian did which got him into trouble. Would you feel guilty about them? Why (not)? Make notes in your exercise book.
2. **Discuss your results with your partner.**

Your carbon footprint

Darum geht's

Klimawandel und Umweltschutz stehen im Fokus dieser Unterrichtsstunde. Die Schüler befassen sich in Partnerarbeit mit Möglichkeiten und praktischen Tipps, ihren ökologischen Fußabdruck zu reduzieren.

Zielkompetenzen

Die Schüler …

- trainieren ihr Leseverstehen.
- erwerben Faktenwissen und erweitern ihr themenspezifisches Vokabular im Bereich *environment.*
- erweitern ihre Medien- und Handlungskompetenz zum Thema Umweltschutz.

Material

- Materialblatt *Don't be a bigfoot!* (S. 94)

Vorbereitung

Lassen Sie die Schüler als vorbereitende Hausaufgabe zu den Stichworten *climate change* und *carbon footprint* recherchieren (z. B. auf climatekids.nasa.gov) und regen Sie an, dass die Schüler dabei ihren eigenen ökologischen Fußabdruck ermitteln (z. B. auf parkcitygreen.org). Kopieren Sie das Materialblatt *Don't be a bigfoot!* im halben Klassensatz.

Stundenverlauf

Einstieg

ca. 5 Minuten

Lassen Sie zwei bis drei Schüler ihre Rechercheergebnisse vortragen, klären Sie bei Bedarf Begriffe und leiten Sie zügig zur Arbeitsphase über: *Now that we have an idea of what a carbon footprint is, we will see what we can do to reduce ours.*

Arbeitsphase

ca. 25 Minuten

Teilen Sie die Materialblätter *Don't be a bigfoot!* an eine Hälfte der Klasse aus und weisen Sie die Schüler an, bevor sie sich einen Partner suchen, den Lösungsteil entlang der dafür vorgesehenen Linie nach hinten zu knicken, sodass er nicht mehr sichtbar ist. Erklären Sie dazu: *To reduce our carbon footprint, I only made one copy for each pair – and I would like to have them back when you are finished.* Gehen Sie gemeinsam mit den Schülern den durch die Hausaufgabe vorentlasteten Text durch und lassen Sie sie anschließend in Partnerarbeit die Aufgabe bearbeiten: *Complete the sentence with phrases from the footprint. Make notes in your exercise books.* Sobald die Schüler fertig sind, fordern Sie sie auf, ihre Hefte zu tauschen und die Ergebnisse ihres Partners mit dem Lösungsabschnitt zu vergleichen und Fehler, die ihnen auffallen, mit einem andersfarbigen Stift zu markieren, aber nicht zu korrigieren. Danach vergleichen die Schüler ihre eigenen Ergebnisse mit dem Lösungsabschnitt und korrigieren Fehler. Gehen Sie bei der anschließenden Besprechung vor allem auf inhaltliche Aspekte ein, lassen Sie die Schüler kommentieren, wie sinnvoll Vorschläge wie *don't use a private jet* sind, und lassen Sie sie alternative „Don'ts" formulieren *(... don't buy new smartphones too often, don't buy too many dairy products, don't use plastic bags ...)*, die an ihre eigenen Erfahrungen anknüpfen. Sichern Sie diese an der Tafel und lassen Sie sie von den Schülern in ihre Hefte übernehmen.

Abschluss

ca. 15 Minuten

Lassen Sie die Schüler zum Abschluss positiv formulierte Ratschläge zur Verringerung des ökologischen Fußabdrucks zusammenstellen: *We've just dealt with the things you should **not** do if you want to reduce your carbon footprint. But what are the things you **can** do to help the environment?* Sammeln Sie Vorschläge an der Tafel und lassen Sie die Liste von allen Schülern in ihre Hefte übernehmen. Beenden Sie die Stunde mit dem Hinweis: *And now I would like to have the worksheets back so I can re-use them.*

Don't be a bigfoot!

A *carbon footprint* is calculated from the *greenhouse gas emissions* (including carbon dioxide or CO2) caused by an industry or country. It can also be used to calculate an individual's total emission and thus its *impact* on the environment. With regard to *environmental protection* and the dangers of *climate change*, the aim is to keep your carbon footprint as small as possible.

Vocabulary aids:
carbon footprint – ökologischer Fußabdruck
greenhouse gas emissions – Treibhausgase
impact – Auswirkungen
environmental protection – Umweltschutz
climate change – Klimawandel

Task:
Try and reduce your carbon footprint by finding the phrases hidden in the footprint to complete the sentence:

If you want to reduce your carbon footprint, don't …
… take a bath every day.
…

takeabatheverydayeatlotsofmeatgoonholidaybyplaneuseahairdryerforgettoturnoffthelightuseaprivatejetleavetheheatingonwhileyouareoutforgettounplugyourdevicesbuy'fast fashion'(fashionforoneseasononlythatgetsthrownawayveryquickly)usethetumbledryerforyourclotheseatfoodoutofseasonwashyourfamily'scarinthegarden.

Please fold here.

If you want to reduce your carbon footprint, ***don't …***
… take a bath every day. … eat lots of meat. … go on holiday by plane. … use a hairdryer. … forget to turn off the light. … use a private jet. … leave the heating on while you are out. … forget to unplug your devices. … buy 'fast fashion' (fashion for one season only that gets thrown away very quickly). … use the tumble dryer for your clothes. … eat food out of season. … wash your family's car in the garden.

Constructive criticism

Darum geht's

Die Schüler setzen sich mit Situationen auseinander, in denen sie selbst kritisiert wurden oder Kritik geübt haben. Sie lernen die Sandwich-Methode kennen, mit der sie auf wertschätzende Weise Kritik üben, um ihrem Gegenüber wertvolles Feedback zu geben, und überlegen im Anschluss, wie diese Methode zu bewerten ist.

Zielkompetenzen

Die Schüler …

- trainieren Sprechen, Hör- und Leseverstehen.
- setzen sich mit ihrer eigenen Kritikfähigkeit sowie der Wirkung ihres Feedbacks auseinander.
- setzen Sprache bewusst ein, um eine bestimmte Wirkung zu erzielen.

Material

- Folienvorlage *Criticism gambits* (S. 97), OHP, Folie
- Folienstift
- Materialblatt *A criticism sandwich – 3 scenarios* (S. 98)
- Instrumentalmusik, Abspielmöglichkeit

Vorbereitung

Kopieren Sie die Vorlage *Criticism gambits* auf Folie. Fertigen Sie Kopien des Materialblattes *A criticism sandwich – 3 scenarios* im drittel Klassensatz an. Schneiden Sie die Szenarien entlang der gestrichelten Linien auseinander.

Stundenverlauf

Einstieg

ca. 5 Minuten

Legen Sie die Folie *Criticism gambits* auf und gehen Sie sie gemeinsam mit den Schülern durch. Die „Schichten" für ein *criticism sandwich (two layers with positive aspects and a layer with things to be improved/negative aspects sandwiched in between)*, das zum Abschluss der Stunde erläutert wird, sind hier bereits durch Trennlinien angedeutet. Weisen Sie die Schüler an, die *phrases* in genau der Anordnung in ihre Hefte zu übernehmen, wie sie in der Sprechblase stehen, jedoch noch Platz für die Überschrift zu lassen.

Arbeitsphase

ca. 35 Minuten

In der ersten Arbeitsphase tauschen sich die Schüler nach der *Milling-Around*-Methode (Umhergehen im Klassenraum zu Instrumentalmusik; wenn diese stoppt, gehen sie mit einem Mitschüler in unmittelbarer Nähe ins Gespräch) darüber aus, wann und wofür sie kritisiert werden oder andere kritisieren. Stellen Sie nacheinander die folgenden Fragen, die die Schüler sich gegenseitig beantworten:

- *What do others criticise you for?*
- *When do you criticise others?*
- *How do you criticise others?*

Lassen Sie die Schüler nach ein paar Gesprächen an ihre Plätze zurückkehren und tragen Sie im Plenum Antworten, die beim *Milling Around* genannt werden, zusammen:

- *So what do your partners get criticised for?*
- *When do your partners criticise others?*
- *How do your partners criticise others?*

Die Antworten können stichwortartig an der Tafel festgehalten werden.

Giving feedback/criticising		
what?	when?	how?
lazy	only when important	directly
no homework ...		politely
	when in a bad mood...	diplomatically ...

Leiten Sie dann wie folgt auf die nächste Phase über: *Giving and getting feedback is important for us to move on and get ahead in life. However, we usually don't really feel comfortable when we have to criticise others, especially not if we like them. Let's look at some examples and find out what is so difficult about them.*
Teilen Sie die Schüler in 3er-Teams ein und verteilen Sie die vorbereiteten Textstreifen von *A Criticism sandwich – 3 scenarios* so, dass jeder Schüler innerhalb eines Teams ein anderes Szenario vorliegen hat.
In der Gruppe sollen die Schüler nun ihren jeweiligen Text lesen, ihren Gruppenmitgliedern anschließend die Situation schildern und sie auffordern, dazu passende Kritik zu formulieren. Dann versetzen sie sich in die Rolle der Person, die kritisiert wird, und diskutieren, wie sie das Feedback aus deren Perspektive aufnehmen würden. Schreiben Sie folgende Arbeitsaufträge an die Tafel:

- *Read your text and summarize the described situation to your group.*
- *Ask the other members for help finding the right words of criticism. Make notes.*
- *Discuss: How would you feel if it was you who got that feedback?*

Im Anschluss an die Gruppenarbeit werden die Vorschläge der Schüler kurz im Plenum zusammengetragen.

Abschluss

ca. 5 Minuten

Legen Sie erneut die Folie *Criticsm gambits* auf. Fahren Sie mit einem Folienstift die Trennlinien zwischen den Phrasen nach und erläutern Sie das *criticsm sandwich (two layers with positive aspects and a layer with things to be improved/ negative aspects sandwiched in between)*. Lassen Sie die Schüler nun ihre Aufzeichnungen um die Überschrift *Criticism sandwich* ergänzen. Kennzeichnen Sie zur Verdeutlichung die Schichten mit positiven Aspekten mit einem Plus- und die mittlere Schicht mit einem Minuszeichen. Fassen Sie abschließend die Vorzüge eines *criticism sandwich* zusammen *(if the last thing you hear is something positive, you are more willing to work on things that need to be improved)* und fragen Sie die Schüler nach ihrer persönlichen Einschätzung: *Would you prefer a criticism sandwich over direct feedback? Why (not)? What are the advantages of this method? What are the disadvantages?*

Criticism gambits

◎ "How I liked your presentation? LOL!!"

This kind of feedback is not very helpful, is it? But if you find the right words, criticism can be really valuable. Here are some rules for useful criticism:

- Make sure to not only point out what is bad but also give advice how to make it better next time.
- Do not make fun of the person you are criticising.
- Be realistic – a presentation or a speech does not have to be perfect.
- And do not forget to let the criticised person know what was already good.

Here are some useful phrases:

I really liked your presentation because …
What was good about your presentation was …

What you could also mention is …
Maybe next time you could …
Your presentation was a bit difficult to follow because you spoke too fast.
More eye contact with the class would be nice.

It was clear you knew what you were talking about.
You prepared your presentation very well.
Your handout was very helpful.

A criticism sandwich – 3 scenarios

Scenario 1:
Your cousin Sally is in love with Tom, a boy from her class. She has not had a chance to speak to him yet since he is always surrounded by beautiful girls. But Sally has an idea how to make contact with him. She asks you for help to produce a YouTube video. She puts on a lot of make-up and tries to come across cool, but her voice trembles when she talks into the camera, and the poem she wrote for Tom is silly. She is going to make a fool of herself if you don't stop her.

Scenario 2:
Henry is new in town. He is nice but a bit bossy and possessive. He calls you in the middle of the night just because he feels bored and expects you to be there for him whenever he needs you. Since he doesn't like your friends, he only wants to meet you alone. Tonight you want to go to the cinema with Emma and Josh. You are just about to leave when the doorbell rings. It is Henry with a pillow under his arm, who spontaneously decided to pop by for a sleepover. You are not exactly happy and decide to let Henry know.

Scenario 3:
Your mum is very nervous because she got an invitation for a job interview. An Australian manager who has just moved to Germany with her twin sons wants her to look after her children when she has to go on a business trip. You *doubt* that your mother can cope with a task like that because she gets easily upset. Especially in the last few weeks she *burst into tears several times*. What if that happens in front of the manager's children while their mother is away? You decide you have to *raise this topic* with your mum and hope you will find the right words not to upset her.

Vocabulary aids:
(to) doubt – bezweifeln
(to) burst into tears – in Tränen ausbrechen
several times – einige Male, mehrmals
(to) raise a topic – ein Thema ansprechen

Medientipps

Balbach, Marion und Oßwald, Nicole:
Move ya! – Bewegungsspiele zu Wortschatz und Rechtschreibung im Englischunterricht
Verlag an der Ruhr, 2017.
ISBN 978-3-8346-3546-4

Buttner, Amy:
100 Methoden für den Englischunterricht – Ideen zur Förderung der mündlichen und schriftlichen Sprachkompetenz
Verlag an der Ruhr, 2012.
ISBN 978-3-8346-2275-4

Fink, Christine:
55 Five-Minute-Games – Sprachspiele für den Englischunterricht
Verlag an der Ruhr, 2011.
ISBN 978-3-8346-0909-0

Fink, Christine und Oliver:
Move ya! – Grammatikspiele mit Bewegung für den Englischunterricht
Verlag an der Ruhr, 2013.
ISBN 978-3-8346-2399-7

Medientipps

Malaci-Dadecko, Ivetta:
Mein Vokabelheft mit System – sammeln, ordnen, behalten
Verlag an der Ruhr, 2018.
ISBN 978-3-8346-3813-7

Müller, Juliane:
Pimp your English lesson! Kreative Ideen für eine abwechslungsreiche Arbeit mit jedem Englisch-Lehrwerk
Verlag an der Ruhr, 2019.
ISBN 978-3-8346-4223-3

Müller, Juliane:
Common Mistakes – Endlich Schluss mit typischen Fehlern beim Englischlernen
Verlag an der Ruhr, 2017.
ISBN 978-3-8346-3538-9

Müller, Juliane:
30 x 45 Minuten – Englisch
Fertige Stundenbilder für Highlights zwischendurch, Klasse 7–10
Verlag an der Ruhr, 2014.
ISBN 978-3-8346-2517-5

Medientipps

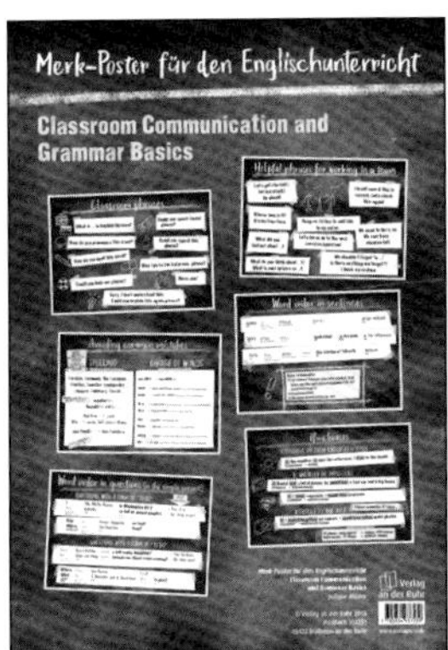

Müller, Juliane
Merk-Poster für den Englischunterricht – Classroom Communication and Grammar Basics
Verlag an der Ruhr, 2018.
ISBN 978-3-8346-3723-9

Schadek-Bätz, Marion:
Spiele zur Unterrichtsgestaltung – Englisch
Verlag an der Ruhr, 2014.
ISBN 978-3-8346-2625-7

Schadek-Bätz, Marion:
Kleine Helfer für die Schülerhand – Englisch Sekundarstufe I
Verlag an der Ruhr, 2018.
ISBN 978-3-8346-3809-0

„Well Done!" – 280 English Stickers
Verlag an der Ruhr, 2013.
ISBN 978-3-8346-2319-5

111 Foto-Karten zur Sprachförderung – Bild-Impulse als Erzähl- und Schreibanlässe für den DaZ- und Fremdsprachenunterricht
Verlag an der Ruhr, 2017.
ISBN 978-3-8346-3722-2

Medientipps

Zeitschriften und Artikel

Friedrich Jahresheft:
Schriftliches Feedback in sprach- und geisteswissenschaftlichen Fächern
Friedrich Verlag, Ausgabe 37, 2019.

Internet

www.chess.com/learn-how-to-play-chess

- Diese englische Seite hilft dabei, das Schachspielen zu erlernen. Vom Aufbau des Spielbretts über das Vorstellen der verschiedenen Figuren und ihrer Züge bis zu einfachen Spielstrategien finden (Wieder-)Einsteiger hier alles Wissenswerte, um ihre ersten Partien zu bestreiten. Besonders geeignet ist diese Seite für den tieferen Einstieg in Stundenentwurf 8 – *Chess*.

www.prospects.ac.uk/job-profiles/

- In dieser Datenbank finden sich, alphabetisch sortiert, eine Vielzahl an Berufsprofilen in englischer Sprache. Neben einer detaillierten Tätigkeitsbeschreibung werden recht konkrete Angaben zu Voraussetzungen, Verdienstmöglichkeiten, möglichen Arbeitgebern, Aufstiegschancen, voraussichtlichen Arbeitszeiten, ähnlich gelagerten Tätigkeiten und weiteren Informationsmöglichkeiten gemacht. Zur Vertiefung und Vorbereitung von Stundenentwurf 15 – *My dream job* ist diese Seite sehr zu empfehlen.

pun.me/pages/knock-knock-jokes.php

- Für den (sehr wahrscheinlichen) Fall, dass Ihre Schüler gar nicht genug von „knock-knock jokes" bekommen können (Stundenentwurf 26 – *What´s the joke?*), gibt es hier eine große Auswahl, die nach dem Alphabet sortiert ist.

writerswrite.co.za/a-fabulous-resource-for-writers-350-character-traits/

- Diese Seite für (angehende) Schriftsteller bietet eine umfangreiche Sammlung an – positiven wie negativen – Charaktereigenschaften. Sie eignet sich als Vertiefung oder Vorbereitung zu Stundenentwurf 21 – *Personality pie*. Außerdem bietet sie viel Wissenswertes rund um das Thema „Schreiben in englischer Sprache".

Weitere Informationen und Blick ins Buch unter **www.verlagruhr.de**

Keiner darf zurückbleiben

30 x 45 Minuten

DaZ – B1-B2

Fertige Stundenbilder für Highlights zwischendurch. Klasse 5-10

Klasse 5-10, 120 S., A4, Paperback
Best.-Nr. 978-3-8346-3804-5

- Typisch Deutsch
- Ängste und Hoffnungen
- Freundschaft

30 x 45 Minuten

Konflikten und Gewalt vorbeugen

Fertige Stundenbilder für Highlights zwischendurch. Klasse 5-10

Klasse 5-10, 128 S., A4, Paperback
Best.-Nr. 978-3-8346-3810-6

- Vorurteile erkennen
- Provokationen beenden
- Mit Beleidigungen umgehen

30 x 45 Minuten

Deutsch

Fertige Stundenbilder für Highlights zwischendurch. Klasse 7-10

Klasse 7-10, 128 S., A4, Paperback
Best.-Nr. 978-3-8346-2755-1

- Spracheinflüsse diskutieren: Denglisch
- Stationsarbeit zum Bewerbungsschreiben
- Pantomimische Textinterpretation

30 x 45 Minuten

Biologie

Fertige Stundenbilder für Highlights zwischendurch. Klasse 5-10

Klasse 5-10, 120 S., A4, Paperback
Best.-Nr. 978-3-8346-2927-2

- Ursachen und Begrenzungen von Waldschäden
- Mäuse mit unterschiedlicher Fellfarbe
- Tulpe in der Tinte

30 x 90 Minuten

Sport

Fertige Stundenbilder für Highlights zwischendurch. Klasse 7-10

Klasse 7-10, 104 S., A4, Paperback
Best.-Nr. 978-3-8346-2528-1

- Minigolf in der Sporthalle
- Bewegungslandschaft Mount Everest
- Olympische Spiele

30 x 90 Minuten

Hauswirtschaft

Fertige Stundenbilder für Highlights zwischendurch. Klasse 7-10

Klasse 7-10, 128 S., A4, Paperback
Best.-Nr. 978-3-8346-2635-6

- Konventionelle und Bio-Lebensmittel
- Grüne Superfoods
- Hausarbeit im Wandel

Mehr Informationen unter: **www.verlagruhr.de** Jetzt portofrei online bestellen!*

*gilt für alle Internetbestellungen innerhalb Deutschlands